CHEAP & CHIC

BERLÍN

a bajo precio

CHRISTOPHE BOURDOISEAU

⋯ EL AUTOR

Periodista de formación, Christophe Bourdoiseau trabaja desde hace 20 años como corresponsal de prensa escrita en Berlín. Paralelamente es cantautor de canción francesa y actúa con su grupo por toda Alemania. Su primer álbum, *Tant de saisons perdues* [Tantas estaciones perdidas], está dedicado a Berlín. En el 2011 editó un tercer álbum, *La mort du loup*, una recopilación de 15 grandes poesías francesas musicadas (en venta en Dussmann, p. 106). Su web: www.christophebourdoiseau.com

⋯ AGRADECIMIENTOS

Gracias a todo el equipo de Lonely Planet y especialmente a Juliette Stephens, sin la cual la guía hubiera sido menos chispeante y precisa. Gracias también a Didier Férat que me ha dejado una gran libertad de acción en mi trabajo. Un agradecimiento especial a Pascal Thibaut, así como a Blandine, Katia, Margaux y Thomas, que me han sugerido excelentes ideas y referencias en sus respectivos barrios de Berlín. Por último, quiero dar las gracias a mi compañera, Bettina, que me ha acompañado con buen humor en todas mis escapadas berlinesas.

CHEAP&CHIC

BERLÍN A BAJO PRECIO

1ª edición en español = mayo del 2012
Traducción de *Berlin à petits prix*, 1ª edición = octubre del 2011

De la edición en español:
© Editorial Planeta, S.A., 2012
geoPlaneta
Av. Diagonal 662-664. 08034 Barcelona
www.geoplaneta.com
© Traducción: Alberto Ollé, 2012

De la edición original:
© Textos: En Voyage Éditions, 2011
© Fotografías: Christophe Bourdoiseau, excepto p. 173 abajo: John Steer, 2012
Diseño gráfico y de maqueta: Nelly Riedel
Diseño de cubierta: Stéphane Rébillon
Cartografía: AFDEC (Florence Bonijol, Bertrand de Brun, Martine Marmouget, Catherine Zacharopoulou)
Fotografías de cubierta: Arriba: © Karl Johaentges/Getty; abajo: © Svenja-Foto/Corbis; cubierta posterior izda. y centro: © Christophe Bourdoiseau; cubierta posterior dcha.: © Henning Hattendorf/Photolibrary

Gracias a: Marjorie Bensaada y Nicolas Benzoni por su trabajo con el texto.
Agradecimientos: Plano del metro de Berlín: BVG Berlin S+U-Bahn-Netzplan©2010

ISBN: 978-84-08-00654-1
Depósito legal: B. 9.772-2012
Impresión y encuadernación: T.G. Soler
Printed in Spain = Impreso en España

Cómo son los berlineses

Berlín es una ciudad que se entrega. Uno hace con ella lo que quiere. No hay obstáculo, ni físico ni social. Aquí, uno se siente libre para circular. No hay códigos, se hace lo que se quiere. Uno puede vestirse a su aire. Los berlineses no juzgarán a nadie en función de su *look*. Aquí cada cual tiene "su" *look*. Esto es lo que da un ambiente tan colorido a la ciudad.

Berlín es también una ciudad al alcance de todos. Uno puede culturizarse, salir, divertirse, sin que la cartera exhale su último suspiro. Los lugares más *trash* alternan con los más chic, pero tienen una cosa en común: siempre serán más baratos que en las otras capitales europeas.

El poder de seducción es enorme, pero Berlín no se entrega sin esfuerzo. Hay que ir a buscarla. La ciudad es grande y hay que caminar mucho para descubrirla. Hay que pensar en llevar buen calzado y un plano. Así se evitan ampollas y pérdidas por las grandes avenidas sin fin. No hay que olvidar tampoco que en Berlín no se compra a crédito; es preciso llevar siempre efectivo, porque los cafés y los comercios suelen rechazar las tarjetas.

A partir de aquí, mejor dejarse guiar por el instinto viajero. Cada visitante se lleva una imagen diferente de esta ciudad fantástica. Algunos quedan fascinados por el peso de la historia, otros por la profusión de zonas verdes. También hay quien queda pasmado con la inmensa red de transportes públicos, tan práctica. No hace falta coche en Berlín, se coge el metro, el autobús, el S-Bahn. Circulan de noche y son muy seguros. ¡Buen viaje!

LO MÁS CHIC

- Desayunar hacia las 15.00 en un café de Prenzlauer Berg (p. 48) antes de ir de compras a las tiendas de moda del barrio (p. 60).
- Comprar en la sección *gourmet* del KaDeWe (p. 143) para organizar un *picnic* en una barca del Tiergarten (p. 114).
- Ir de ronda por las terrazas de los hoteles de lujo en taxi para encontrar el mejor cóctel de la capital.
- Tomar una copa en el bar del Arena contemplando la puesta de sol sobre Berlín, y después pegarse un chapuzón nocturno en la piscina del Badeschiff (p. 153).
- Tomar un café de 5 € en la terraza del Hotel de Rome (p. 104).
- Visitar los búnkeres con tacones.
- Obsequiarse una bandeja de marisco con champán en la planta gastronómica de las Galeries Lafayette de la Friedrichstrasse (p. 102).
- Ir de compras al mercado de Kollowitzplatz (p. 47), codeándose con las estrellas mediáticas y tomar un batido en el café Sowohl als auch (p. 56) para comentar la jugada.
- Desvalijar las tiendas de moda de Mulackstrasse (p. 88) y regalarse un cuadro en la calle de los galeristas (Auguststrasse, p. 79).
- Tomar un Martini en el Newton Bar (p. 105) contemplando por la gran vidriera cómo corren los viandantes bajo la lluvia.

LO MÁS CHEAP

- Comprar Chanel al 50% en Secondo (p. 139) y acto seguido comerse un *Currywurst* en Konnopke (p. 51), en Prenzlauer Berg.
- Madrugar para ir a escuchar el concierto clásico gratuito de media hora los martes en la Philharmonie (p. 115).
- Hacer la última parada de metro a pie para pagar solo el billete "sección corta" (tres estaciones).
- Tomar un café a 1,70 € y quedarse horas leyendo la prensa disponible.
- Llegar a Berlín con una maleta vacía para llenarla de ropa comprada a peso en el Garage Kleidermarkt (p. 150).
- Desayunar en la cantina del parlamento de Berlín (p. 102) junto al alcalde de la capital.
- Reservar entradas de ópera a menos de 15 € y localizar en la revista de la ciudad *Zitty* los locales nocturnos gratuitos.
- Comprarse una bicicleta sin frenos por 15 € en el rastro de Mauerpark (p. 61).
- Comprar cervezas en el supermercado para consumirlas en las tumbonas del café-playa Capital Beach (p. 120).
- Almorzar por 13 € en el elegantísimo Duke (p. 147).

10 ESTRATEGIAS
PARA VIAJAR MÁS BARATO A BERLÍN

PARA DISFRUTAR DE LAS MEJORES MESAS. A mediodía, incluso los restaurantes muy buenos ofrecen menús por 10 € aprox. Hay que pensar también en las cantinas de las administraciones, abiertas al público. Por la noche, mejor elegir los cafés que ofrecen platos a menos de 10 €.

PARA DESPLAZARSE MÁS BARATO. La WelcomeCard (5 días, 29,90 €) permite utilizar los transportes públicos y ofrece muchos descuentos. También se puede comprar billetes de un día, (Tageskarte, 6,10 €) o el abono de 7 días (7-Tage-Karte, 26,20 €), válido para un segundo adulto los sábados, domingos y festivos y a partir de las 20.00 los laborables. Se pueden comprar los billetes en el aeropuerto, ya que son válidos para la lanzadera TXL de Tegel (¡pero no de Schönefeld!).

PARA ASISTIR A LOS ESPECTÁCULOS. Antes de comprar una entrada de ópera, hay que comprobar en la web www.hekticket.de las ofertas "Last Minute" (también en inglés). Si no, está la taquilla de la agencia Hekticket: Hardenberger Strasse 29d, en Charlottenburg, o Karl-Liebknecht-Strasse 13, cerca de Alexander Platz.

PARA ALOJARSE SIN ARRUINARSE. En Berlín abundan las ofertas de apartamentos y de habitaciones particulares, pero hay que comprobar su emplazamiento. Berlín es muy grande y es fácil encontrase lejos del centro y tener que tomar taxis.

PARA VISITAR LA CIUDAD GRATIS... O CASI. Con el billete de metro, circulando en Ⓢ-Bahn por el viaducto ferroviario entre Zoologischer Garten y Alexander Platz. También tomando el "Ring" que circula alrededor del centro. Así uno se puede hacer una idea del tamaño y de la fisionomía de la ciudad, pero el viaje dura más de una hora. Otra opción: tomar el autobús nº 100 o 200 de punta a punta.

PARA IR DE COMPRAS SIN SENTIRSE CULPABLE. Hay que ir en época de rebajas. En invierno, comienzan el último lunes de enero. En verano, el último lunes de julio. Duran dos semanas.

PARA COMENZAR LA VELADA SIN ARRUINARSE. Uno puede colarse en cualquier *vernissage* en la calle de los galeristas (Auguststrasse) en Mitte. Siempre se es bienvenido. Se descubren obras y las bebidas solo cuestan 1 o 2 €.

PARA QUE EL TAXI SALGA MÁS BARATO. Hay que aprovechar el abono de 4 € para 2 km. El taxi no debe estar en la parada, y hay que anunciar "Kurzstrecke" antes de que active el taxímetro. Si se superan los 2 km, el contador vuelve al precio que se hubiera pagado sin el abono.

PARA BAÑARSE GRATIS. Con el billete de metro, se puede llegar a numerosas playas, como la de Wannsee. Con el mismo billete, se puede incluso coger el *ferry*. En Wannsee, se toma el F10 que lleva a Kladow (1 h ida y vuelta).

PARA VER BERLÍN DESDE ARRIBA. Los hoteles suelen tener terrazas abiertas al público, a veces con acceso gratuito. El mejor plan: el hotel Park Inn (entrada 3 €), en Alexander Platz.

3 días Cheap&Chic en BERLIN

DÍA 1

SALIDA SUAVE

Se comienza por un desayuno en **Hackescher Markt** (p. 80), en el casco histórico, tras lo cual uno se pierde un poco por los **Hackesche Höfe** (p. 78), y después sube a pie hacia **Prenzlauer Berg** (p. 40) por Rosenthaler Platz y el Weinbergsweg.

MAÑANA DE COMPRAS

Un paseo a lo largo de la **Kastanien Allee** (p. 46) sin miedo a perderse por las calles adyacentes para descubrir tiendas de jóvenes creadores. Hay que visitar la **Zionskirchplatz** (p. 47). Después de una larga pausa en el **café Schwarzsauer** (p. 54), se impone almorzar en el **café EntwerderOder** (p. 48).

TARDE HISTÓRICA

Visita al **"parque del Muro"** (Mauer Park, p. 47) para bajar después por Bernauer Strasse hasta el **memorial del Muro** (p. 45). Es el único lugar de la ciudad en el que el corte todavía resulta visible. El tranvía M10 (dirección Nordbahnhof), circula a lo largo del antiguo muro.

FINAL DE JORNADA A LA ÚLTIMA

Se toma el tranvía M10 en sentido opuesto hasta **Eberswalder Strasse** para hacer una parada gastronómica y degustar uno de los famosos *Currywurst* de **Konnopke** (p. 51). Después, un garbeo por el norte, por el barrio de moda de **Helmhotzplatz,** para ir de compras (p. 60).

VELADA 'PRENZLAUER BERG'

Paseo por **Kollwitzplatz** (p. 47) y a continuación por **Kulturbrauerei** (p. 45), donde se organizan conciertos y espectáculos hacia las 20.00. Por los alrededores se encuentran buenos restaurantes, como el **Gugelhof** (p. 48). Después, regreso a la **Kulturbrauerei** (p. 184) para bailar viejos éxitos o salsa.

DÍA 2

MAÑANA HISTÓRICA

Se comienza con una café en lo alto de la **torre de la Televisión** (p. 68). Se sigue la ruta hacia el oeste, hasta la **catedral** (p. 101), antes de tomar la av. **Unter den Linden** para visitar la **isla de los Museos** (p. 100).

UN PASEO POR EL BULEVAR

Se baja por el bv. Unter den Linden y se da una vuelta por el **Museo de la Historia Alemana** p. 101) o por el **Guggenheim** (p. 99). Almuerzo en **Chipps** (p. 103), en las **Galeries Lafayette** (p. 102) o en un restaurante de **Gendarmenmarkt** (p. 102).

POR LAS AVENIDAS DEL PODER

Después de pasar bajo la **puerta de Brandeburgo** (p. 96), uno se encuentra frente a la **av. del 17 de Junio** (p. 113); girando a la derecha, se llega al **Reichstag** (p. 112). Se pasa frente a la **Cancillería** (p. 112) y siguiendo el camino hacia el sur, se llega a la av. del 17 de junio: no hay que olvidar el **Memorial Soviético** (p. 114), a la izquierda.

UN PASEO REFRESCANTE

Después de cruzar el **parque del Tiergarten**, hay que detenerse en el **Café am Neuen See** para tomar un chocolate junto al agua (p. 117). De regreso, bordeando el parque por el sur (barrio de las embajadas), se llega al **Kulturforum** con la famosa **Philharmonie** (p. 115) y el nuevo barrio de negocios de **Potsdamer Platz** (p. 114).

UNA VELADA EN SCHÖNEBERG

Metro Ⓤ2 hasta **Nollendorf-platz**. En el barrio de moda de **Schöneberg** se encuentran numerosos restaurantes y cafés cerca de la **plaza Winterfeldtplatz** y a lo largo de **Golzstrasse**. La noche se remata en la coctelería **Green Door** (p. 148) o en el **café M** (p. 149).

DÍA 3

UNA MAÑANA OCIOSA

Se comienza el día en **Kreuzberg** con un desayuno en **Milagro** (p. 160). A continuación, un garbeo por el **mercado** (p. 158) y de compras por las tiendas de este barrio que es como un pueblo. Regreso a pie hacia el norte para visitar el **Museo Judío** (1,5 km; p. 158).

UN VIAJE POR LA PEQUEÑA ESTAMBUL

Se toma la línea U1 en la estación Hallesches Tor y se baja en **Kottbusser Tor**, el corazón del barrio turco. En **Oranienstrasse** hay un montón de restaurantes y de *snacks* orientales. Imprescindibles: el kebab de **Hasir** (p. 160) y el **Morena Bar** (p. 164), para tomar un café que cierra el paseo.

SIGUIENDO EL AGUA

Se toma la línea U1 hasta **Schlesisches Tor**. Allí, se sigue **Schlesische Strasse** y se llega a los accesos a las orillas del río (no siempre evidentes). Visita al **Centro Cultural del Arena** (p. 153), con su piscina sobre el Spree. Los más valientes darán un salto hacia el este para ver el **Memorial Soviético** (p. 173) de Treptower Park.

CAFÉ Y PASTELES

Se vuelve a la línea U1 por el **Görlitzer Park**, una antigua estación transformada en parque. En los alrededores, cafés tranquilos donde tomar algo caliente y degustar una ración de tarta de nata a última hora de la tarde. Es el lugar ideal para recuperar fuerzas antes de dirigirse al agitado barrio de **Friedrichshain**.

UNA NOCHE EN FRIEDRICHSHAIN

Se vuelve a tomar la línea U1 en **Görlitzer Bahnhof** dirección **Warschauer Strasse**. El metro cruza el río por el **puente Oberbaumbrücke** (p. 172). En la estación final, al otro lado del puente, hay restaurantes, cafés (p. 174) y clubs abiertos toda la noche (p. 188).

DÍA EXTRA

SALIDA MEDITATIVA

El día comienza con un paseo por el **cementerio de los Inválidos** (p. 172), que quedó dividido por la antigua frontera del Muro. A continuación, siguiendo el canal, se llega al Museo de Arte Moderno **Hamburger Banhof** (p. 113). Almuerzo en el restaurante del museo, el **Sarah Wiener** (p. 117).

EN RUTA HACIA LOS 'CAMPOS ELÍSEOS DE BERLÍN'

Desde la gran estación central de enfrente, hay que tomar, por la vista panorámica, el S-Bahn aéreo hasta el **Zoologischer Garten** (p. 129). Después de una visita a la **Fundación Helmut Newton** (p. 130), se baja hacia **Ku'Damm** (p. 129), llamado los "Campos Elíseos de Berlín", dando un pequeño rodeo por la **iglesia del Recuerdo** (Gedächtniskirche; p. 128).

UN RESPIRO

Una pausa en el café literario **Wintergarten** (p. 137), en la Literaturhaus, y tomar allí un batido de chocolate y una ración de tarta. Justo al lado se encuentran el **Museo Käthe-Kollwitz** y la **Villa Grisebach**.

UNA ESCAPADA AL CASTILLO

Se toma el metro U2 de Zoologischer Gartem hasta **Sophie-Charlotte-Platz** para subir hacia el norte a pie hasta el **castillo de Charlottenburg** (p. 131). Antes de visitar el edificio y su jardín, se puede ir al **Museo Berggruen** (p. 131). La visita se completa con una pausa-café en el **invernadero del castillo** (p. 134).

UNA VELADA EN SAVIGNYPLATZ

Tomando el metro U2 en dirección contraria hasta **Ernst Reuter Platz**, se llega a **Savignyplatz** (p. 131). Cena en el **Florian** (p. 133) antes de acabar la noche con música en un club de *jazz* como el **Quasimodo** (p. 134) o el **A-Trane** (p. 135).

y además...

"Cultura"

MÄRKISCHES MUSEUM (P. 69). Para descubrir toda la historia de la capital. • MUSEO DE LA RDA (P. 69). Para hacerse una idea del día a día de los alemanes del Este. • EAST SIDE GALLERY (P. 172). El último fragmento del Muro pintado por artistas de todo el mundo. • NEUE NATIONAL GALERIE (P. 115). Una obra maestra arquitectónica que acoge exposiciones temporales de nivel internacional. • PINACOTECA (P. 115). Imprescindible para los amantes de la pintura europea de los ss. XIII al XVIII. • SEDE DE LA STASI (P. 173). Para una visita al corazón de la represión política en la RDA. • CEMENTERIO JUDÍO (P. 44). Un paseo meditativo entre las 22 000 piedras funerarias del cementerio profanado por los nazis. • MUSEO DE LA HISTORIA ALEMANA (P. 101). El edificio transformado por el arquitecto Pei ofrece exposiciones apasionantes.

COMPRAS

FRIEDRICHSTRASSE (P. 107). La gran calle comercial del centro es el lugar ideal para los amantes de los escaparates. • MAUERPARK (P. 61). Un auténtico rastro con todo tipo de objetos de todos los precios. • KADEWE (P. 143). Los almacenes más grandes de Europa, abiertos en 1907, disponen de un increíble surtido en sus siete plantas. GARAGE KLEIDERMARKT (P. 150). Un ropavejero donde se compra a peso. • FASANENSTRASSE (P. 139). Esta hermosa calle que da al Ku'damm alberga las tiendas de lujo de la capital. • STILWERK (P. 138). Unos grandes almacenes dedicados exclusivamente a la decoración y al mobiliario de interior. • WÜHLISCHSTRASSE (P. 178) o MULACKSTRASSE (P. 74). Las dos calles en boga con las tiendas de moda de jóvenes creadores. • BONNIE UND KLEID (P. 167). La tienda de moda retro más alocada. • KPM (P. 122). La gran sala de ventas de la antigua fábrica de la Manufactura Real de Porcelana merece una visita.

FIESTA

GAINSBOURG BAR (P. 135). Para acabar la noche en un ambiente Gainsbarre. CASSIOPEIA (P. 177). La antigua estación abandonada es una fiesta permanente en un bonito desorden. • YAMM (P. 177). Este chiringuito de playa es uno de los lugares más típicos de Berlín, con sus conciertos y sus pistas de baloncesto. • MARIETTA (P. 55). Un bareto muy de moda para los *bobos* de la capital. • MAUERSEGLER (P. 58). Para tomar una copa y bailar sin agobiarse. • BERGHAIN (P. 188). Uno de los más prestigiosos clubs *techno* del mundo. • GOLGATHA (P. 162). Una mezcla de café y de club típicamente berlinés. • JUNCTION BAR (P. 162). Este café-concierto es uno de los puntos más conocidos de la vida nocturna de Kreuzberg. • CLUB DER VISIONÄRE (P. 165). Para degustar una cerveza junto al agua, al son de música electrónica.

La ciudad de la A a la Z

AEROPUERTO
ARTE CONTEMPORÁNEO
BERLÍN-PLAYA
BICICLETA
CALLES
'CURRYWURST' VS. 'DÖNER KEBAB'
ELECTRO
GRANDES CITAS
HISTORIA
HORRORES
INMIGRACIÓN
INTERNET
JUDÍOS
LITERATURA
MODA
MURO DE BERLÍN
NUDISMO
'OKUPAS'
'OSTALGIE'
PELÍCULAS
RESIDUOS ORGÁNICOS
SPREE
TRANSPORTES
VIDA PRÁCTICA
ZOO (S)

Aeropuertos

De los tres aeropuertos que existían todavía en la década de 1990, solo quedará uno a mediados del 2012: **Schönefeld,** al sur de Berlín, y que se llamará aeropuerto de Berlin-Brandebourg. Se llega allí con el tren regional Airport-Express (RE7 o RB14), muy práctico, que circula cada media hora de 4.30 a 23.00 y se detiene en las principales estaciones berlinesas de S-Bahn (Alexander Platz, Friedrichstrasse, Hauptbahnhof, Zoologischer Garten). El trayecto dura 28 min desde Hauptbahnhof (3 €, zona ABC). El S-Bahn también llega al aeropuerto de Schönefeld, pero el trayecto es muy largo. A evitar por el peligro de perder el avión.

El segundo aeropuerto es el de **Tegel,** construido por los franceses. Es el principal aeropuerto de Berlín a pesar de su reducido tamaño si se compara con Heathrow o Charles-de-Gaulle. Hasta el 2005, la capital de la tercera potencia económica mundial no disponía de ningún enlace intercontinental, aparte de Ulan Bator, Teherán, Damasco o Colombo... y ni siquiera tenía enlace directo con Nueva York. Para ir al aeropuerto de Tegel, al norte, no hay metro ni S-Bahn. Hay que coger el autobús. El mejor es el TXL (2,30 €, zona AB); pero también puede cogerse el 109, el 128 o el X), ya que el TXL, que pretende ser un *bus-express,* se detiene en todas las paradas. También se puede ir a Tegel en taxi a un precio razonable. Desde el centro, cuesta 25 € aprox. Muchos berlineses van a añorar Tegel, que cerrará en cuanto abra el nuevo aeropuerto de Schönefeld, ya que era de fácil acceso y a escala humana. Schönefeld está alejado de Berlín. En el horizonte del 2030, podría transportar 50 millones de pasajeros al año.

El más antiguo de los tres aeropuertos, **Tempelhof,** cerró en el 2008 a pesar de las protestas de la población y de un referéndum sobre la cuestión. Construido en la década de 1920 y ampliado por los nazis, fue la cuna de la aviación alemana y un lugar mítico durante la guerra fría. El Ayuntamiento de Berlín sigue sin saber qué hacer con este enorme terreno (386 Ha). Actualmente se organizan allí *raves,* exposiciones, ferias y todo tipo de veladas. Las pistas de aterrizaje han sido transformadas en parque de ocio provisional (véase p. 156).

"Berlín es pobre pero *sexy*"

Arte contemporáneo

La famosa cita del alcalde de Berlín, Klaus Wowereit, adquiere todo su significado cuando se habla de arte contemporáneo. Artistas de todo el mundo acuden a buscar inspiración. Mucho más barata que Tokio, Londres o París, ofrece un espacio de libertad único en Europa. Los talleres son gigantescos y en muchas ocasiones están subvencionados. Según el Ayuntamiento, en la capital alemana trabajan más de 5000 artistas profesionales.

Berlín cuenta con más de 400 galerías, entre ellas la **Galerie KW** (p. 79), y varios museos de calidad como la **Hamburger Bahnhof** (p. 113; en la foto), **Georg Kolbe Museum** (www.georg-kolbe-museum.de) y el **Brücke Museum** (www.bruecke-museum.de). La **Berlinische Galerie** (Alte Jakobstrasse 124; 030 78902-600; www.berlinischegalerie.de), en Kreuzberg, está dedicada al arte moderno y contemporáneo, a la fotografía y la arquitectura. Su colección permanente permite pasar revista a la creación en Berlín desde finales del s. XIX.

Otras colecciones destacables son la de **Flick** (en la Hamburger Bahnhoff), **Boros**, en el antiguo búnker de Reinhardt Strasse (solo con reserva; www.sammlung-boros.de) o **Me Collectors Room** (www.me-berlin.com). La feria de arte contemporáneo **Art Forum** (www.art-forum-berlin.de) también se celebra cada año en septiembre. Reúne más de 120 galerías de todo el mundo y da las pautas para toda Europa. En paralelo, se organiza una gran exposición que reúne a los galeristas de Berlín (www.artberlincontemporary.com). Por último, Berlín tiene proyectada la creación de un museo de arte contemporáneo del s. XXI en los alrededores de la nueva Hauptbahnhof.

"Berlín es como Copacabana"

Berlín-playa

¿Playas en Berlín? ¡Las hay por todas partes! En los lagos, claro está, pero también a orillas del Spree. Los habitantes tienen a su disposición más de una docena de *Strände,* con arena auténtica transportada desde el mar del Norte y el Báltico. La gente se broncea a orillas del Spree, se baña, juega a vóley-playa, escucha conciertos o se relaja tomando una copa y mirando los barcos que pasan... Se imparten clases de baile y de gimnasia, reina un ambiente de fiesta perpetua con grupos de música brasileña y otros ritmos exóticos que suenan hasta que cae la noche. Con ocasión de las grandes citas futbolísticas (Eurocopa y Mundial), las playas se equipan con televisores.

El chiringuito de playa más antiguo es el Bar de la Playa (p. 86), en el barrio de Mitte, frente a la isla de los Museos. En este tranquilo lugar han sido plantadas auténticas palmeras. Detrás de la East Side Gallery (p. 172), hay otro en el que se pueden tomar baños de sol y disfrutar de conciertos a partir de las 22.00, con la puesta de sol como telón de fondo. Los hay para todos los gustos. Frente a la East Side Gallery, el Yaam (p. 177) es un paraíso del *reggae,* con pista de baloncesto y cantinas. Los medios de comunicación y los políticos también tienen su playa. La más famosa se encuentra frente a la embajada de Suiza, al lado de la nueva estación central: la "playa de la prensa federal" (Bundespressestrand) se ha convertido en una institución con sus discursos, sus conciertos y sus torneos de voleibol.

"Berlín es como Copacabana". Es el nuevo slogan de los diarios locales. En la famosa playa de Brasil, el ambiente es algo más latino, cierto, pero también lo es que los berlineses que no se van de vacaciones en verano gozan de un ambiente muy exótico con todos estos bancos de arena estivales. Todos sus habitantes lo dirán: si existe un lugar en la tierra del que no hay que irse en verano, es Berlín.

Bicicleta

¡Qué placer, pasear por Berlín en bicicleta! Hay carriles bici por todas partes (600 km). Existen incluso calles reservadas a las bicis, como la Linienstrasse en Mitte. En cuanto aparecen los primeros rayos de sol, se cuentan en la ciudad hasta 500 000 ciclistas.

Pero cuidado, la circulación es peligrosa. Hay que evitar la trampa de los tranvías que no tienen carril propio. Todos los extranjeros que viven en Berlín han pasado por la experiencia de la rueda pillada en los raíles. Por lo demás, hay que desconfiar de los otros ciclistas. Algunos son un auténtico peligro (si uno camina por los carriles bici, le pueden llamar al orden). Muchos no respetan el código de circulación. Por último, hay que ir con cuidado con los coches que se adentran en las calles cruzando el carril bici (paralelo al paso de peatones). Las bicicletas tienen preferencia, pero los automovilistas no siempre las ven. Hay que ser prudente, llevar casco si es posible, no arriesgarse inútilmente y, sobre todo, respetar los semáforos. Algunos conductores agresivos son capaces de embestir a un ciclista para llamarle al orden. Cada año hay más de 7000 heridos en accidentes en los que está implicada alguna bicicleta.

Hay una docena de itinerarios señalizados para realizar magníficos paseos hasta los confines de la ciudad (¡decenas de kilómetros!). Un plan: www.stadtentwicklung.berlin.de (/verkehr/mobil/fahrrad/radrouten).

En caso de cansancio, se puede regresar en Ⓢ-Bahn, en metro o incluso en tranvía. El transporte de bicicletas está autorizado en los transportes colectivos (excepto el autobús) por el precio de un billete normal.

Hay un recorrido especialmente apreciado. Se trata del carril bici del Muro de Berlín (Berliner Mauer Radweg) de 160 km, habilitado entre el 2002 y el 2006 a lo largo de la antigua frontera.

El alquiler de bicicletas se ha desarrollado mucho en Berlín, así como las visitas guiadas en bicicleta. Unas direcciones: www.berlinfahrradverleih.com (Alexander Platz y Zoo, también en español); www.fahrradstation.com (Prenzlauer Berg, también en español); www.berlinonbike.de (Prenzlauer Berg); www.takeabike.de (Mitte).

Calles

En Berlín, la nomenclatura de las calles resulta un formidable barómetro político. Las guerras, las revoluciones, las contrarrevoluciones y la caída de Muro han rebautizado bulevares y plazas a tal velocidad que es aconsejable comprar un plano nuevo a cada nueva visita a la ciudad para estar seguro de encontrar una dirección.

A lo largo de su historia, Berlín ha cambiado 3700 veces el nombre de sus calles. Más de 80 calles desde la reunificación de 1990. ¡Adiós a la av. Lenin, adiós a la c. Wilhelm Pieck (primer presidente de la RDA)! Entre los escasos comunistas que han salvado su placa, se encuentra el primer comandante soviético de la zona de ocupación aliada, Nicolaï Bersarin. Eliminado de la lista de los ciudadanos de honor en 1992, consiguió incluso recuperar su título gracias a la elección de poscomunistas en el Ayuntamiento.

Lo mismo sucede con los grandes dignatarios fascistas que debían ser borrados del mapa. Algunos han conseguido pasar entre las mallas de la desnazificación. El historiador Heinrich von Treitschke, tristemente conocido por la sentencia "Los judíos son nuestra desgracia" continúa siendo titular de una calle. Difícil de creer, pero salvó su placa porque los vecinos se negaban a cambiar de dirección.

En cuanto a la berlinesa más elegante, le ha costado Dios y ayuda imponerse en su ciudad natal. La escandalosa Marlene Dietrich, acusada de "traición a la patria" cuando regresó de su exilio en 1960, nunca ha sido bienvenida allí. Hubo que encontrarle un lugar que no obligase a nadie a cambiar de dirección: en el nuevo barrio de Potsdamer Platz. Por último, después de una batalla jurídica y política digna de las grandes horas de la guerra fría, Rudi Dutschke ha encontrado también su calle, con gran disgusto de la derecha conservadora. La calle pasa al pie del edificio del gran diario popular *Bild*, acusado de haber organizado en la década de 1960 una virulenta campaña contra el líder de la rebelión estudiantil, provocando así el atentado del que fue víctima en 1979. Ironías de la historia, su calle cruzará la Alex-Springer-Strasse, el propietario, fallecido, del grupo de prensa de aquel diario amarillo. En Berlín, la historia se solapa en todas las esquinas...

> "El *Currywurst* debe enfrentarse a la competencia del *döner kebab.*"

'Currywurst' vs. 'döner kebab'

¿Berlín, ciudad gastronómica? No exactamente. Aquí los dos platos tradicionales son el *Currywurst* y el *döner kebab.*

La primera especialidad de la capital, el *Currywurst,* fue creado en 1949 por una berlinesa a quien han dedicado una placa conmemorativa en Charlottenburg. Herta Heuwer es la madre del *Currywurst,* esta salchicha cortado en pedazos y salpimentada con curri en polvo y servida con kétchup en una barquilla de cartón. Se acompaña con un panecillo *(Brötschen)* o con patatas fritas ("pommes", pronunciado pom), y se come de pie en un *Imbiss* (unos *snacks* que hay allí donde hay gente de paso).

El éxito de este plato nacional fue tan grande, que el *snack* de Herta Heuwer contaba con 19 camareras en sus días de gloria. En el 2009, abrió sus puertas en el centro de Berlín un museo del *Currywurst* alemán (Schützenstrasse 70, 10117, 7-11 €, lu-do 10.00-22.00) para explicar la historia de este pedazo de salchicha que entusiasma a los alemanes. El *Currywurst* más conocido de Berlín se encuentra en Prenzlauer Berg bajo la estación de metro Eberswalder Strasse. Konnopke (p. 51); abierto por una de las escasas tiendas privadas en Berlín Este en la década de 1960, es conocido más allá de los confines de la capital. El canciller Schröder fue allí personalmente a degustar una salchicha en el 2001. Hoy día Konnopke está en el circuito de visitas guiadas de Prenzlauer Berg.

En la década de 1980, el *Currywurst* tuvo que enfrentarse a la competencia cada vez mayor del bocata turco, el *döner kebab,* que apareció en Kreuzberg a finales de la década de 1970. Hay quien afirma incluso que fue inventado en Berlín en su forma actual: un pan turco *(pide)* con carne asada al espetón, servida con *crudités* y una salsa de ajo muy especiada. En la actualidad, 15 000 *snacks* venden kebabs en Alemania. Cada día se preparan hasta 300 toneladas de carne y la facturación anual supera 1,5 millones de euros. Un auténtico éxito comercial.

"Los DJ más reputados del mundo han pasado por Berlín"

Música Electrónica

El cierre del Tresor en el 2005 fue todo un acontecimiento en Berlín. Después de 14 años de existencia, este club legendario tuvo que volver a emprender la conquista de un espacio libre en la capital. Hoy día está instalado en Kreuzberg (véase p. 187).

Expulsado de su antro histórico por los promotores inmobiliarios, el Tresor es uno de los clubs más conocidos del mundo. El alemán Paul van Dyk, uno de los DJ más reputados del planeta, comenzó allí su carrera, lo mismo que la famosa DJ alemana Ellen Allien.

El Tresor, el Bunker y el E-Werk –estos dos últimos han cerrado– han marcado una época musical, la del Berlín Este *techno* después de la caída del Muro. Era la época en que sobraba espacio en el centro de la capital. Los alquileres eran irrisorios y los propietarios de los edificios abandonados eran desconocidos. Como el Tresor, instalado en la cámara acorazada del Wertheim, uno de los mayores almacenes de Europa de antes de la guerra, los locales nocturnos florecían en todo tipo de ruinas, de búnkeres y de lugares abandonados.

Los DJ *techno* de Detroit, pioneros del movimiento musical *techno,* fueron acogidos en todos estos clubs de Berlín que gravitaban alrededor de la Potsdamer Platz. Los autobuses nocturnos estaban abarrotados hasta el amanecer. En medio de los andamios y de las calles reventadas por los *bulldozers,* la juventud se agitaba por el barrio de Mitte, en la actualidad reconquistado por las instituciones políticas y los centros comerciales.

Al expulsar los clubs del centro, Berlín había subestimado la importancia de la vida nocturna berlinesa como factor comercial. La música *techno* sigue siendo una especificidad de la ciudad, a pesar de haber perdido la dinámica desde la desaparición de la Love Parade después de la trágica edición de Duisbourg en el 2010 (21 personas muertas en una avalancha fatídica). La Love Parade era un acontecimiento capital que había dado alas a Berlín. En 1999 este gran desfile había atraído a 1,5 millones de personas en Berlín.

Grandes citas

La agenda berlinesa comienza a mediados de enero con el Gran Salón Internacional de la Agricultura. El precio de los hoteles se dispara entonces un 20%. La **Grüne Woche** es la cita anual más importante en la capital con 400 000 visitantes.

El último sábado de enero, Berlín vive su "**noche larga de los museos**" (Lange nacht der Museen) que permite visitar todos los museos de 18.00 a 2.00 por 15 € (una operación que se repite en agosto).

A mediados de febrero, la ciudad se transforma en capital del cine con el **Festival Internacional de Cine de Berlín** (Berlinale; véase p. 32).

El **Carnaval de las Culturas** (Karneval der Kulturen der Welt) se celebra en mayo, el fin de semana de Pentecostés. Este desfile de carrozas decoradas con los colores de las culturas del mundo seduce a más de un millón de espectadores, Berlín acoge en junio el **Salón Aeronáutico ILA**. A finales del mes, el desfile del **Christopher Street Day** no solo atrae al público gay. Por último, también se celebra la **Fiesta de la Música** el 21 de junio. El **Classic Open Air** (www.classicopenair.de) se desarrolla durante una semana a mediados de julio en la plaza Gendarmenmarkt. En agosto, el **Open Air Klassik** ofrece una serie de conciertos en la Kulturbrauerei (p. 45) de Prenzlauer Berg.

Septiembre está dedicado al arte con el **Art Forum** (www.art-forum-berlin.de), un salón que acoge a más de 100 galerías de 18 países y presenta el trabajo de 2000 artistas, y el **Popkomm,** el salón internacional de la industria de la música. La **Maratón de Berlín** se celebra el último fin de semana de septiembre.

El 3 de octubre es festivo en Alemania. Es el día de la **Fiesta Nacional** en recuerdo de la reunificación del país en 1990.

Una de las citas más antiguas y más significativas del *jazz* en Europa tiene lugar en noviembre. Se trata del **JazzFest Berlin,** que existe desde 1964. En diciembre, Berlín se llena de **mercados de Navidad** en los que se puede beber vino caliente, escuchar música y comer salchichas.

Historia

Berlín es una de las ciudades más jóvenes de Europa. Su fecha oficial de nacimiento es 1237. Dos ciudades, Berlín y Cölln (en la actualidad Mitte) decidieron entonces fusionarse. En aquella época, los dos barrios se dotaron de un recinto amurallado para defenderse. Construida en 1250 (los restos todavía son visibles en el metro U2 Kloster Strasse, la muralla *(Stadtmauer)* se fue reforzando hasta el s. XVII. Berlín acabó convirtiéndola en fortaleza con 13 bastiones. Los últimos vestigios del Berlín medieval fueron destruidos por los bombardeos de la Segunda Guerra Mundial (todos los edificios medievales visibles actualmente son reconstrucciones). En el s. XIII, aparecieron las dos primeras iglesias de ladrillo rojo: la iglesia de San Nicolás (Nikolaikirche) en 1230 y la iglesia de Santa María (Marienkirche) en 1292, de estilo gótico y austero, que se encuentran en el barrio turístico de Nikolaiviertel.

Con el reino de Hohenzollern, que se inició en el s. XV y duró medio siglo, comenzó la construcción de grandes edificios como el castillo de Berlín. La primera piedra se colocó en 1443 en la isla del Spree. Hubo que esperar hasta 1716 para que el edificio alcanzara su forma definitiva. Derruido por razones políticas por el régimen comunista en 1950, fue sustituido en 1976 por el palacio de la República, sede del Parlamento de Alemania Oriental. Berlín mantiene la intención de reconstruir las fachadas de este castillo, pero este controvertido proyecto ha sido suspendido por falta de fondos.

A lo largo del s. XVII, una fuerte inmigración de judíos y de refugiados hugonotes (protestantes perseguidos en Francia) proporcionó a Berlín un formidable impulso económico. La población alcanzó los 20 000 habitantes. Federico III hizo edificar entonces un castillo para su esposa Sofía Carlota: el castillo de Charlottenburg.

En 1734 fue destruido el recinto amurallado y sustituido por las murallas de la aduana. Bajo el reinado de Federico el Grande, la ciudad conoció un período arquitectónico muy intenso, cuyos principales edificios todavía son visibles a lo largo de Unter del Linden: el Arsenal

(Zeughaus), la Ópera, (Staatsoper), la Universidad Humboldt (Prinz-Heinrich-Palais), la catedral de Santa Eduvigis (Sankt Hedwigskathedrale) y la antigua biblioteca (Alte Bibliothek).
Berlín siguió creciendo e incorporó varias barriadas (Wedding, Gesundbrunnen, Moabit). Hacia 1860, la superficie de la ciudad pasó de 35 a 59 km² y la población superó los 550 000 habitantes.
Cuando Berlín se convirtió en la capital del Imperio alemán en 1871, la revolución industrial redobló su intensidad. En 1877 alcanzó el millón de habitantes y después, con el cambio de siglo, los dos millones. El comienzo del proyecto del "Gran Berlín" se lanzó en 1912 con la llegada de los nuevos municipios administrados por la capital: Charlottenburg, Schöneberg, Wilmersdorf, Lichtenberg y Spandau. Esta forma de crecimiento urbano "por adquisición" explica la ausencia de centro en Berlín. La ciudad creció absorbiendo los pueblos circundantes. En 1920, Berlín reunía 7 ciudades, 59 municipios rurales y 27 distritos rurales y dividía el territorio municipal en 20 distritos, mientras el número de habitantes era de 3,8 millones. ¡La población era entonces más numerosa que en la actualidad (3,4 millones)!
La década de 1920 fue la edad de oro de la capital. En aquella época, Berlín se convirtió en la mayor ciudad industrial del continente. Berlín construyó entonces sus famosos "cuarteles" *(Mietskaserne)* en los que se amontonaban miles de obreros en la miseria. En la actualidad, estos edificios se pueden encontrar en el barrio de Prenzlauer Berg... reconvertidos en *lofts* de lujo.
Con la llegada al poder de los nazis en 1933, Berlín se entregó a las locuras del arquitecto de Hitler. Albert Speer se encargó de poner en marcha un proyecto faraónico: Germania. Pero el Generalbauinspektor (primer arquitecto del III Reich) no tuvo tiempo de realizar sus planes. Solo construyó unos pocos edificios, algunos de los cuales resistieron los bombardeos, como el Ministerio de Financias de Wilhelmstrasse (p. 98). La locura de los nazis y la guerra transformaron Berlín en un campo de ruinas. Casi el 50% de las viviendas fueron destruidas al final de la guerra. El 8 de mayo de 1945, la ciudad cayó en manos de los Aliados, que la dividieron en cuatro sectores. Fue un período de gran miseria para la población que moría de hambre y de frío en sus deterioradas viviendas.
La doble administración de la ciudad comenzó en 1949 (fecha de la creación de las dos Alemanias). Con la construcción del Muro, el 13 de

agosto de 1961, el urbanismo de Berlín iba a verse transformado. Dos ideologías se enfrentaban en una misma ciudad. El combate iba a durar 40 años. Los dos campos querían demostrar su superioridad. En la década de 1950, Berlín Este construyó la Stalinallee (rebautizada como Karl-Marx-Allee a partir de 1961; en la foto). Berlín Oeste respondió con una gran exposición de arquitectura moderna en 1957, Interbrau. El Hansaviertel (Barrio de la Hanse), construido como un escaparate del capitalismo, recurrió a arquitectos famosos como Le Corbusier, Walter Gropius, Alvar Aalto, Max Taut, Hans Scharoun, Oscar Niemeyer o Pierre Vago.

Hasta finales de la década de 1970 Berlín Oeste se lanzó a proyectar grandes conjuntos arquitectónicos (Gropiusstadt, Märkisches Viertel). Mientras que en el otro lado, Berlín Este inauguraba proyectos emblemáticos alrededor de Alexanderplatz: Haus des Lehrers, Palacio de Congresos, grandes almacenes (en la actualidad el Kaufhof), el Interhotel (en la actualidad el Park Inn), la agencia de turismo Haus des Reises, pero también el Ministerio de Asuntos Exteriores (derruido en 1995) y la torre de la Televisión, para afirmar la superioridad de las técnicas comunistas.

En el Oeste se suprimió el tranvía en 1967 y no se volvió a reintroducir. En la actualidad las líneas solo son visibles en el Este. Los primeros edificios de más de 29 pisos comenzaron a florecer junto al Muro, a lo largo de Leipziger Strasse (Mitte). En aquella época, el Oeste respondía automáticamente: el editor Axel Springer construyó una torre de despachos justo junto al Muro para instalar allí el mayor diario de Europa, el *Bild Zeitung*.

En 1976 los alemanes del Este lanzaron el proyecto de construcción de viviendas más importante de la historia del país. Hasta 1990, se levantaron 62 000 viviendas prefabricadas *(Plattenbauten)* en el barrio periférico de Marzahn. Basta dar una vuelta con el tranvía M5 a lo largo de la Landsberger Allee para darse cuenta de la dimensión del proyecto.

A comienzos de la década de 1980, en el Oeste, especialmente en Kreuzberg, el movimiento *okupa* permitió salvar de la destrucción centenares de edificios antiguos; los responsables políticos querían arrasarlo todo para construir grandes edificios horizontales. Después de la reunificación de 1990, el movimiento *okupa* vivió un renacimiento en Berlín Este. La política de concertación del Ayuntamiento permitió legalizar la situación y renovar los edificios sin resistencia.
Después de la salida de las tropas estadounidenses, británicas, francesas y rusas en 1994, el Gobierno alemán se instaló en Berlín en el 2000. Un nuevo barrio gubernamental surgió de la tierra en medio de la ciudad. Helmut Kohl quería edificios nuevos para la cancillería y los ministerios. Una decisión controvertida, ya que no faltaba sitio para albergar al personal político. El espacio alrededor del Reichstag está ocupado en la actualidad por edificios nuevos, con la Jakob-Kaiser-Haus para los diputados y la Paul-Löbe-Haus para las comisiones parlamentarias.
A finales de la década de 1990, la reconstrucción de la Potsdamer Platz (en la foto) en la antigua línea de demarcación apasionó al mundo. Las obras atrajeron a millones de turistas cada año. Participaron en el proyecto algunos de los arquitectos más importantes, como Renzo Piano, Helmut Jahn, Richard Rogers, Arata Isozachi o Rafael Moneo. En aquella época, los guías ofrecían visitas con botas a las obras de la capital. Por último, las embajadas fueron reconstruidas en su emplazamiento histórico, como la embajada de Francia, concebida por Christian de Portzamparc, y la de Estados Unidos (Moore Ruble Yudell), ambas en la puerta de Brandeburgo.
En el 2006 Berlín puso término a esta fase de reconstrucción con la inauguración de la estación central (Hauptbahnhof; véase p. 113), diseñada por el arquitecto alemán Meinhard von Gerkan. Es una catedral de cristal y de acero, pero también la última de las "grandes obras" de Berlín.

> "Si hay un lugar en el mundo en el que los fantasmas se sienten como en casa, este es Berlín."

Horrores

Ninguna ciudad ha erigido tantos memoriales y museos conmemorativos de un siglo destructivo y de una historia nacional poco gloriosa.

Después de largos debates públicos, en mayo del 2005 se inauguró al sur de la puerta de Brandeburgo un monumento en memoria de los judíos asesinados en Europa (p. 97). La Casa de la Conferencia de Wansee, donde se tomó la decisión de exterminar a los judíos de Europa fue reabierta al público después de haber sido restaurada. El Centro Ana Frank (Haus Schwarzenberg; p. 77) se mudó al corazón turístico de Berlín. En cuanto al Museo Judío (p. 158), que explica la historia de 2000 años de presencia judía en Alemania, resulta una obra maestra de arquitectura y un éxito incontestado de público desde hace 10 años.

Los fantasmas de Berlín están en todas partes. En el Museo Sachsenhausen, en el antiguo campo de concentración donde se formaban los torturadores nazis, pero también en el monumento a las víctimas del terror comunista (memorial del Muro; p. 45), en el Museo de la Stasi (p. 173) y en el Memorial Soviético (p. 173), el último lugar en el mundo donde pueden leerse citas de Stalin grabadas en oro.

Los verdugos también tienen su museo desde el 2010. El Centro de Documentación sobre el terror Nazi (p. 97) abrió después de 13 años de debates y de escándalos. Construido entre el Museo Judío del arquitecto Daniel Libeskind y el memorial del Holocausto de Peter Eisenman, este museo viene a reforzar la imagen de ciudad-memoria que se da a Berlín. Esta vez se trata de explicar, en los 2800 m² de la antigua sede y centro de detención de la Gestapo, cómo funcionaba el régimen SS. En recuerdo de los homosexuales perseguidos por los nazis, dos artistas nórdicos erigieron en el 2008 un memorial cerca de la puerta de Brandeburgo. Y los alemanes se preguntan sobre la oportunidad de construir un monumento a los soldados de la Bundeswerh (el ejército alemán) muertos en misión para mantener la paz en el extranjero. Sin olvidar a las víctimas de los terroristas de la Fracción del Ejército Rojo (Raf), para quienes está en proyecto un panel en las paredes del Reichstag.

"Turquía ya ha entrado en la Unión Europea"

Inmigración

Y eso sucede desde hace casi medio siglo. Basta con ir a Kreuzberg, un barrio del centro de la capital, para darse cuenta. Es una auténtica Turquía en miniatura a orillas del Spree.

El panadero, el barbero y el del colmado de la esquina, todos son turcos. Los hay que vienen de Estambul, con aspecto de europeos, y los que vienen de pueblecitos. En los mercados y frente a las tiendas huele a especias. Allí, las mujeres con velo se mezclan con jóvenes musulmanas más liberadas, maquilladas y con talones.

Todo ello dibuja un cuadro exótico, sobre todo cuando uno vive al otro lado del río, en el antiguo Berlín Este, en donde casi no hay extranjeros (en la antigua RDA no había prácticamente inmigración).

De 3,4 millones de habitantes, Berlín cuenta con 460 000 extranjeros de 180 naciones diferentes, es decir, el 13,5% de la población. Entre ellos, los más numerosos son los turcos (108 000), seguidos de los polacos (42 000) y los serbios (20 000).

En Berlín, bastan cinco estaciones de metro para cambiar de aires. La línea Ⓤ1 (llamada el "Orient-Express") lleva al barrio turco. No se trata de un gueto, no es un barrio de los llamados "sensibles" (¡no los hay!). Se entra allí sin temor y se sale refrescado. Un paseo por Kreuzberg es casi como un fin de semana en el extranjero. A cuatro pasos de casa.

En este barrio, que se extendía antaño a lo largo del Muro, los alemanes viven en medio de este bazar organizado, pero sin saber nada de la vida de los turcos. Desde la década de 1960, estas dos comunidades se han mirado siempre con recelo. Preguntad a un alemán si sabe decir "buenos días" en turco. Lo único que tienen en común las dos comunidades es el *döner kebab,* el bocadillo preparado por el turco y devorado por el alemán.

Todo este extraño mundo vive, claro está, en una aparente armonía. Berlín es el contraejemplo de una política de integración exitosa. En cualquier caso, el marco sí está logrado.

Internet

www.visitberlin.de Web oficial de turismo (en español).

www.berlin.de Web oficial del Ayuntamiento de Berlín que permite encontrar todo tipo de informaciones prácticas.

www.berlin-airport.de Web de los aeropuertos de Berlín con todos los horarios en directo (ideal para comprobar que el avión no lleva retraso).

www.bvg.de Web del transporte público, con planos.

www.kulturprojekte-berlin.de Todo sobre la cultura y las actividades de los museos en Berlín.

http://berliner-unterwelten.de/tour-c.343.3.html Para visitar los búnkeres en Berlín (en español).

www.exberliner.com Diario independiente de Berlín en inglés, muy bien hecho. Se pueden encontrar ideas para visitas e informaciones prácticas. La versión en papel (mensual) está en los kioscos.

www.berliner-galerien.de Web de la federación de galeristas de Berlín.

www.berlinstory.de Ofrece informaciones sobre la literatura berlinesa y links sobre la ciudad. Algunas páginas en español.

www.tic-berlin.de Información sobre la historia de Prenzlauer Berg. También informaciones prácticas (en español).

www.zitty.de o **www.tip.de** Las webs de los dos semanarios culturales berlineses.

www.siegessaeule.de Web del *magazine* gay de Berlín.

www.out-in-berlin.de Web de la comunidad gay y lesbiana de Berlín con las citas e informaciones prácticas.

www.berlin030.de Web para seguir la escena musical berlinesa.

www.visitberlin.tv Para ver vídeos sobre los monumentos de Berlín.

En general los hoteles tienen wifi –no siempre las pensiones–. Algunos bares y cafés ofrecen wifi gratuito; basta con pedir la contraseña en la barra.

"La comunidad judía berlinesa está en pleno renacimiento."

Judíos

Las sinagogas están bajo la protección del Estado, día y noche. Esta anormalidad se ha convertido en algo normal en Alemania. A pesar de todas las medidas de seguridad, la sinagoga de Rykestrasse (p. 44), en el barrio de Prenzlauer Berg, está a veces cerrada al público por precaución.

Desde el desmoronamiento de la Unión Soviética, los alemanes se interesan por su comunidad judía, en pleno renacimiento. Para los judíos, se trata de un milagro. Berlín alberga la mayor comunidad de Alemania, con 12 000 miembros (de los que el 75% son rusos). El "milagro" es visible los días de oficios. Los fieles se pasean por las calles del barrio de Rykestrasse tocados con sus kipás. Un espectáculo inimaginable hace apenas 20 años.

La mayor sinagoga de Alemania fue prácticamente reducida al silencio después de la guerra, al no haber supervivientes. Salvada milagrosamente la Noche de los Cristales Rotos (1938) y profanada por los nazis, que la convirtieron en cuadra, fue restaurada y en la actualidad puede acoger a 1200 fieles. Dispone de un presupuesto de más de 26 millones de euros, de 400 asalariados, de hogar de jubilados, de escuelas...

Al autorizar a los judíos de Europa del Este a instalarse en Alemania, sin más condición que demostrar su adscripción religiosa, los alemanes han querido incentivar el renacimiento del judaísmo en su país. El resultado es concluyente. En la década de 1990, Alemania se convirtió en el primer destino mundial de judíos de los países del Este, una situación que exasperaba a los israelíes, sorprendidos de ver a sus hermanos de religión elegir el país de sus verdugos antes que la Tierra Prometida. Sin esta inmigración, la comunidad judía de Alemania habría desaparecido prácticamente con solo 12 000 miembros. En la actualidad hay 120 000 según el Congreso Mundial de judíos rusohablantes.

Literatura

Berlín sueña con volver a ser la ciudad literaria que fue en la década de 1920. La llegada de Suhrkamp en el 2009 le ha despertado la esperanza. En efecto, la editorial más prestigiosa de Alemania decidió abandonar Fráncfort, la actual capital de la literatura en Alemania. El editor decidió instalarse a orillas del Spree para estar en el corazón de la creación y vivir entre los talentos de la literatura del futuro. Hay que decir que los autores contemporáneos se sienten bien en la capital. Encontramos aquí al alemán Bernhard Schink, el autor de la famosa obra *El lector*, publicada en 1995, y actualmente profesor de Derecho Público y de Filosofía del Derecho en la universidad Humboldt.

Entre los autores famosos relacionados con la capital, se puede citar especialmente a Theodor Fontane, uno de los principales representantes alemanes del realismo, pero también a Kurt Tucholsky, uno de los escritores más significativos de la república de Weimar. Por último, Bertolt Brecht es la figura emblemática del teatro berlinés. Vivió en Berlín Este durante la división, bajo la vigilancia del régimen de la RDA en su teatro del Berliner Ensemble.

La novela más famosa sobre Berlín es sin duda la de Alfred Döblin, *Berlín Alexanderplatz* (1929), que describe la pobreza y la miseria de la ciudad, Josef Kessel describe por su parte el crimen organizado en su novela-reportaje *Bas fonds de Berlin* (1932; *Nuits de Montmartre*). Más impactante todavía, la novela del autor berlinés Hans Fallada, editado en 1947, *Solo en Berlín*. Una novela terrible inspirada en una historia real de la vida cotidiana bajo el nazismo en un edificio de la c. Jablonski en Prenzlauer Berg. Uno puede pasear por esta calle del Este e imaginarse las escenas de esta novela dedicada a la resistencia antinazi de gentes modestas. Hans Fallada está entre los autores alemanes más conocidos de la primera mitad del s. XX.

Moda

En Alemania nadie se viste tan mal como los berlineses. Aquí uno puede ir a la ópera en vaqueros o en chándal, sin que nadie lo mire mal. Las corbatas no están bien vistas en Berlín. Es más, si uno pretende "vestirse", le pueden reprochar ir demasiado elegante. Los únicos que están realmente orgullosos de su ropa en el metro son los obreros y los artesanos en mono de faena. No obstante, la capital vive un increíble cambio en el campo de la moda. Ya en 1835 Berlín era la primera ciudad del mundo que ofrecía ropa fabricada en serie. Los nazis acabaron con esta tradición cerrando todas las tiendas de confección en la década de 1930. En su mayoría pertenecían a familias judías.

Berlín atrae en la actualidad a miles de pequeños creadores de moda que acuden a probar suerte. Se cuentan ya más de 100 marcas independientes. Con seis salones de *prêt-à-porter*, Berlín se afirma incluso como una rival de Milán y de París. Es una ciudad joven, mucho más barata que Nueva York o Londres. Aquí el dinero todavía no es rey y deja espacio para la creatividad.

Estos dos últimos años, se han instalado en los alrededores de la Kastaniemallee un montón de pequeñas tiendas de moda y de pequeños modistos. La calle ha sido rebautizada como el "paseo del *casting*" y da la sensación de salirse de los caminos trillados. Entre las tiendas Crème Fresh (*fresh* significa "insolente" en alemán), Maphia o Thatchers, se encuentran también decenas de tiendas de ropa más o menos excéntrica. La tendencia actual son las camisetas con motivos diversos y variados sobre el tema de Berlín. ¡Una auténtica feria de la ropa!

Naturalmente, en las tiendas de los pequeños modistos los precios no pueden ser los mismos que en H&M, pero son negociables en época de rebajas. Los creadores están encantados de recibir a sus clientes en sus talleres para confeccionarles una chaqueta o un vestido a medida. Después uno puede tomar un batido de chocolate caliente en uno de los acogedores cafetitos de los alrededores. A pie y por unos pocos euros. Francamente, tiene mucha más chispa que los barrios de la moda de París, Londres o Nueva York.

"Las consecuencias de la división todavía son visibles hoy día"

Muro de Berlín

Construido un domingo, el 13 de agosto de 1961, el Muro debía impedir la huida de la población de la RDA. Aguantó en pie 28 años, hasta el 9 de noviembre de 1989, pero las consecuencias de la división todavía son visibles en la actualidad. Basta con ir a Bernauer Strasse para darse cuenta. Es también en esta calle donde se encuentra el Centro de Documentación del Muro (p. 45).

En Bernauer Strasse tuvieron lugar las escenas más dramáticas. Fue aquí donde Conrad Schumann, el soldado más famoso de la RDA, arrojó su arma al suelo para alcanzar el sector francés. A pesar de todos los esfuerzos de reunificación, la cicatriz sigue sin desaparecer. Algunos habitantes de Prenzlauer Berg (Este) nunca van al Oeste. Para ellos, Bermauer Strasse sigue siendo una frontera, en este caso social. A 100 m de sus casas, es el fin del mundo. Al "otro lado" se encuentra el barrio popular de Wedding. Totalmente reconstruido en la década de 1970, comprende una comunidad extranjera muy importante (especialmente turca) que no existe en el Este. Estos dos mundos siguen viviendo separados, las familias turcas apenas se atreven a ir a un parque del Este. La gente del Este va a veces al supermercado en el Oeste. Aparte de esto, es el vacío.

Mientras que Wedding se ha empobrecido con la reunificación, Prenzlauer Berg ha cambiado totalmente. Más del 80% de los habitantes han abandonado el barrio desde 1989. Antes se huía de Prenzlauer Berg por la dictadura y la tristeza ambiental. En la actualidad, los alquileres son de los más caros de Berlín. Porteros automáticos, aparcamientos y tiendas de lujo han transformado un barrio en el que antaño vivían intelectuales del Este, artistas disidentes, pero también los fieles servidores de la dictadura para vigilar la frontera. Este radical cambio social se refleja en las urnas: aquí, los ecologistas encabezan las elecciones.

"Berlín es tolerante en cuestión de desnudez"

Nudismo

Para muchos extranjeros, la confrontación con la desnudez es una de las primeras sorpresas que depara Berlín. Cuando llegan por primera vez a una playa del lago de Wansee o el Tiergarten, quedan pasmados: inudistas por todas partes! Con el tiempo, uno se acostumbra.

Berlín es tolerante en cuestión de desnudez después de la Primera Guerra Mundial, cuando la palidez dejó de estar de moda y los adeptos al FKK (Freikörperkultur), la "cultura del cuerpo libre", lanzaron su movimiento contra el "pesimismo ambiental".

En la actualidad, la libertad es total. Para poner a prueba la tolerancia de la capital, el gurú del FKK, Peter Niehenke, desfila periódicamente desnudo con sus adeptos entre la puerta de Brandeburgo y Alexanderplatz, entre los aplausos de los curiosos, las risas de los turistas y las bocinas de los automovilistas divertidos.

La influencia de los alemanes del Este también ha tenido un papel en la evolución de las mentalidades. En la época de la RDA, a pesar de la resistencia por parte del régimen comunista, los berlineses eran grandes adeptos al FKK, La presencia de numerosos lagos en Berlín y la cercanía de las playas del Báltico contribuyeron a la cultura del nudismo en la capital.

Hoy día, los desfiles de homosexuales y de travestis forman parte de las citas tradicionales de la capital. Los estudiantes se manifiestan desnudos (incluso en invierno) contra las restricciones presupuestarias que afectan a las universidades, pero a diferencia de la década de 1960, esta forma de provocación ya no basta. Para provocar, hay que dotar de contenido al mensaje. Los estudiantes inscriben con pintura sobre sus cuerpos: "Os ofrecemos nuestra última camisa".

"Los responsables políticos han seguido un proceso de conciliación"

'Okupas'

Cuesta creerlo, pero a finales de la década de 1970 y comienzos de 1980, cientos de pisos estaban *okupados* todavía en Kreuzberg. En la actualidad ya no quedan *okupas* en el barrio.

El movimiento *okupa* permitió salvar Kreuzberg de la destrucción. En su momento, los planificadores habían previsto arrasar una buena parte del barrio para construir una nueva ciudad con una autopista en medio. Los jóvenes asaltaron los edificios destinados a la destrucción y efectuaron su mantenimiento con mayor o menor éxito. Después de un período de tolerancia, el Ayuntamiento endureció su política, procediendo a expulsiones forzosas a comienzos de la década de 1980. Se recuerdan auténticas escenas de guerra civil en las calles. Esta tradición de protesta se prolongó especialmente el 1 de mayo. Cada año, Berlín está en estado de sitio. Los enfrentamientos entre policía y manifestantes provocan decenas de heridos.

El movimiento se prolongó con la caída del Muro en los barrios de Mitte, de Prenzlauer Berg y de Friedrichshain. Una vez más, centenares de edificios en mal estado fueron condenados al derribo. En 1990 fue ocupado el centro cultural Tacheles (p. 78). En noviembre Mainzer Strasse, en Friedrichshain, fue escenario de violentos choques entre los *okupas* y la policía, lo que provocó la caída del Gobierno de Berlín.

Para evitar conflictos, los responsables políticos han seguido una política de conciliación como en Kreuzberg para legalizar la situación. Se negociaron con los *okupas* programas de rehabilitación subvencionados y alquileres muy bajos durante un período de 10 a 20 años (en muchas ocasiones, solo tenían que pagar las tasas). Resultado: hoy día no queda ni un solo *okupa* ilegal en Berlín.

"Los productos del Este viven un auténtico renacimiento"

'Ostalgie'

Después de la caída del Muro, los Ossis (alemanes del Este) se lanzaron sobre los productos occidentales, menospreciando los que habían consumido durante casi 40 años. Los antiguos Konsum (tiendas del Estado) vieron desaparecer de un día para otro todos los productos de Alemania del Este.

Después de haberse abrevado literalmente de productos occidentales, los Ossis volvieron a sus marcas de los viejos tiempos. Así, prefieren beber Vita-Cola antes que Coca-Cola y fumar cigarrillos F6 antes que Marlboro. Poco importa si el nuevo propietario de estas marcas es un hombre de negocios de Alemania occidental o un fabricante americano de cigarrillos... La cosa no tiene nada que ver con la ideología. Es un sentimiento nostálgico. Por eso llaman a este fenómeno *Ostalgie* (de *Ost* "Este" y *Nostalgie*). Abundan en Berlín los establecimientos con el tema de la RDA. A nadie le da vergüenza poner el retrato del dictador en la pared, como en el hotel Ostel en Friedrichshain (p. 202). Son innumerables los cafés berlineses que decoran sus paredes con insignias de Alemania del Este y que juegan con la terminología comunista. Han vuelto a aparecer los retratos de Erich Honecker (número 1 de la RDA) y de Lenin, antaño motivo de mofa para la población. En el café Die Tagung (p. 176), las paredes están cubiertas de objetos de la antigua RDA.

El símbolo de la *Ostalgie* es el Ampelmann (p. 90). El hombrecillo de los semáforos de Alemania del Este se ha convertido en un objeto de culto y un gran éxito comercial. El "salvador" del Ampelmann es Markus Heckhausen, que recuperó los hombrecillos de la basura. En la actualidad vende casi 600 artículos con la efigie del Ampelmann, ha abierto un restaurante en Berlín, ha creado una versión femenina (Ampelfrau) con un gran éxito en el extranjero, especialmente en Japón.

Películas

A mediados de febrero, Berlín se transforma en la capital del cine. El Festival Internacional de Cine de Berlín (Berlinale), que concede cada año el Oso de Oro, atrae a 150 000 visitantes de 120 países, entre ellos 4000 periodistas. A lo largo de 10 días, la ciudad entra en ebullición. Mientras los profesionales se dan cita en el Gropius-Bau para comprar y vender sus producciones, Berlín se transforma en una gigantesca cinemateca. A diferencia de otros festivales, la Berlinale es un acontecimiento en el que participan los habitantes. Durante el festival se venden más de 180 000 entradas para las películas que se proyectan en el marco de la Berlinale.

Para los profesionales del cine, Berlín se ha convertido en algo muy de moda. Para presentar su película en el mercado europeo, las estrellas de Hollywood ya no van a París o a Londres: prefieren Berlín. Además, los estadounidenses han descubierto el fabuloso potencial del rodaje en la capital. En efecto, la ciudad se presta perfectamente al cine con sus grandes espacios y sus estudios. En Berlín desembarcan directores de todo el mundo. El Ayuntamiento ha decidido allanarles el trabajo concediéndoles fácilmente las autorizaciones. Cada año se ruedan unas 300 películas en la capital. Con frecuencia los berlineses se exasperan con los equipos de rodaje que bloquean la circulación y a veces incluso el acceso a sus propios domicilios.

Berlín también ha recuperado su tradición de capital del cine con los estudios de Babelsberg. El mayor estudio de rodaje del mundo en 1912 había producido películas conocidas mundialmente, como *Metropolis* de Fritz Lang (1927) o el *Ángel azul* de Josef von Sternberg, con Marlene Dietrich (1930). Más del 80% de la producción cinematográfica alemana pasa por Babelsberg. ¡Y le va muy bien! El cine alemán vive actualmente un auténtico renacimiento en Berlín desde el éxito de *Corre, Lola, corre*, *Good Bye Lenin* o también *La vida de los otros*, las tres rodadas en Berlín.

"El Berlín de moda ha instalado sus cuarteles a orillas del Spree"

Spree

El río que cruza la capital marcaba antaño la frontera con el Este comunista entre Kreuberg y Friedrichshain. En la actualidad, el Berlín de moda ha instalado sus cuarteles en sus riberas. Los nuevos animadores se han asentado en las antiguas *Fabrik* de ladrillo rojo.

En ambas orillas del Spree, alrededor del Oberbaumbrücke (véase p. 172), se alza también un nuevo barrio de cristal y de luz. Decenas de inversores parten a la reconquista de las riberas a lo largo de 4 km. Tienen la ambición de hacer nacer allí Media Spree, el barrio de los medios de comunicación, de la moda, de la música y de los servicios. Los edificios transparentes deben integrarse en el ladrillo de los antiguos depósitos, fábricas de confituras, almacenes y centrales hidráulicas de comienzos del s. XX. Se ha recurrido a arquitectos conocidos (Axel Schultes, Kühn&Kühn, Helmut Jahn, Kollhoff) para rehabilitar más de 120 Ha y hacer surgir de la nada más de un millón de metros cuadrados de oficinas. El volumen de inversión es de 2,5 millones de euros.

El proyecto emprendió el vuelo en el 2002 después de la instalación de la MTV y de la sede alemana de Universal. Siguieron el sindicato de servicios (Verdi), la empresa de transporte público (BVG), los servicios de limpieza (BSR) y las actividades portuarias (BEHALA). En el 2008 el grupo estadounidense de ocio AEG construyó el O2 World, un polideportivo de 150 millones de euros que puede acoger a 17 000 espectadores. El barrio juega sus bazas. Atrae a los turistas con la East Side Gallery (p. 172). Los noctámbulos se concentran alrededor del puente Oberbaumbrücke, frecuentando los clubs y los bares *lounge* más concurridos de la capital.

Media Spree no debería estar acabada antes de 20 años.

"Los alemanes se toman muy en serio la recogida selectiva"

Residuos orgánicos

En ningún otro lugar del planeta se seleccionan tanto los residuos domésticos. Los alemanes no bromean con esto. Según los sondeos, consideran que la selección de los residuos es la primera contribución en favor de la protección del entorno, después del ahorro de energía. Más del 96% de alemanes seleccionan el papel, 90% el cristal, 85% los embalajes e incluso hay un 66% que tira los residuos orgánicos en el contenedor orgánico *(Biomüll Tonne)*.

En Berlín hay un cubo para cada residuo. ¡Menos mal que los pisos son grandes! En su cocina, los berlineses poseen a veces hasta seis recipientes: residuos caseros, papel, cristal, embalajes, residuos orgánicos y una cajita para las pilas, que se depositan en una caja de cartón específico en el supermercado. De la misma manera, todos los aparatos electrónicos deben ser depositados en el punto limpio. Incluso bien oculto en una caja de cartón, un ordenador encontrado en un contenedor de basura puede originar una investigación. No obstante, la eficacia de este sistema es puesta en cuestión periódicamente por los expertos en reciclaje, que preconizan el fin de la selección en origen. Según algunos estudios, casi la mitad de la basura va a parar al contenedor equivocado, especialmente en las ciudades. Según los especialistas, se encuentran más bolsas y vasos de plástico en el contenedor de basuras domésticas que en el de los embalajes. Algunos expertos estiman que se podría dar marcha atrás con un único cubo para la basura doméstica y los embalajes en los patios del edificio.

"¡Es tan práctico el transporte público!"

Transportes

¡Ah! Berlín sin coche ¡qué felicidad! ¡Es tan práctico el transporte público! Ni siquiera hay torno. Varias líneas de autobuses, de metro y de Ⓢ-Bahn (cercanías) circulan incluso toda la noche. Un trayecto en Ⓢ-Bahn por el gran viaducto ferroviario entre Zoologischer Garten y Alexander Platz vale cualquier autobús turístico. Si a uno le gustan los autobuses, puede tomar el 100, que pasa por los lugares más visitados (Gedächtniskirche, barrio de las embajadas, plaza de la Estrella Grosser Stern, castillo de Bellevue, Reichstag, puerta de Brandeburgo, Unter den Linden...).
La ventaja es que no cuesta nada si ya se tiene un billete de metro y que se puede bajar en cada parada.
En cambio, las tarifas son complicadas. En las expendedoras, no se sabe qué botón apretar. Un trayecto (ida) cuesta 2,30 €. Los billetes turísticos ofrecidos por la empresa pública BVG pueden resultar interesantes ya que están asociados con entradas gratuitas y descuentos en algunos museos (WelcomeCard 5 días, 30,90 €). Lo mejor es comprar un billete para todo el día (Tageskarte, 6,30 €, válido hasta las 3.00). O mejor todavía: se puede adquirir un bono para 7 días (7-Tage- Karte, 27,20 €), aunque uno se quede menos tiempo. Es válido para un segundo adulto a partir de las 20.00 los laborables y todo el día sábados, domingos y festivos. También es transferible.

Un billete para la zona AB es suficiente (siempre es posible comprar un suplemento para la zona C si se va a Postdam). No hay que olvidar validar el billete. Hay controles frecuentes y los agentes (de paisano) no son contemporizadores.

En cuanto a los taxis, no tienen fama de amables, pero son correctos y conocen bien los trayectos. La bajada de bandera es de 3,20 € venga de donde venga (no hay suplemento por "trayecto de aproximación" ni suplemento por equipajes). El precio por kilómetro es de 1,65 € (1,28 a partir de 7 km). Hay que dejar un 10% de propina.

Atención los que lleguen en coche: es obligatoria una tasa para las zonas ecológicas (en el centro de Berlín). Información en www.distintivo-ecologico.es.

“¿Cheques, tarjetas de crédito? ¿Y eso qué es?”

Vida práctica

¡En Berlín solo aceptan metálico! Incluso en los grandes almacenes de electrónica, resulta imposible pagar con una Visa. En la capital de la primera potencia económica de Europa, las tarjetas de crédito son algo simplemente inútil. ¡Ni siquiera Ikea las acepta!

Dinero

Los berlineses prefieren en metálico. Lo pagan todo en efectivo, incluso los coches. No sorprende, pues, que Alemania haya sido autorizada a producir la cuota de efectivo en la Unión Europea para garantizar las necesidades de liquidez de sus conciudadanos. ¿Por qué los europeos de la zona tienen actualmente un billete de 500 €? Lo impusieron los alemanes.

Hay que asegurarse de llevar siempre encima dinero contante y sonante. En los cafés, los turistas suelen caer en la trampa después de una ronda de cerveza, convencidos de que pueden pagar con tarjeta una cuenta que supera los 50 €. “No es posible”, contestan los camareros indicando el cajero más cercano... a 15 min a pie. No sería extraño que un día a una banda de gánsteres enmascarados se les ocurriera irrumpir en los cafés al final del servicio para reclamar la recaudación. A partir de medianoche, los cafés de Berlín son auténticas ventanillas de banco.

Propinas

No hay que olvidar tampoco la propina de los camareros en los cafés y restaurantes. Muchos turistas tienen la mala fama de no dejar propina y esta forma parte del salario del personal. El principio es el siguiente: cuando presentan la nota, hay que añadir alrededor de un 10% y anunciar al camarero la suma que se quiere pagar (redondeando al euro superior). Si la nota es de 17,50 €, se anuncian 20 €. No se deja la propina sobre la mesa.

Horarios

Por último, hay que vigilar con las horas de apertura de los comercios. Desde hace algunos años, los horarios se han flexibilizado. Los supermercados están abiertos hasta las 20.00 (hasta las 24.00 en algunos barrios), pero los pequeños comercios no han seguido esta tendencia. Suelen cerrar a las 18.30 los laborables y entre las 14.00 y las 16.00 los sábados. En las grandes estaciones, en cambio, se abre cada día.

"¿Por qué Berlín tiene dos zoos?"

Zoo(s)

Es una herencia de la guerra fría. Cuando se vive separado por un muro durante 28 años, es normal que cada cual tenga su zoo, ¿no? En el Oeste, el Zoologischer Garten (metro U9, S-Bahn Zoologischer Garten), muy querido por los berlineses (hay quien incluso está orgulloso de poseer acciones). Al Este, el Tierpark (metro U5 Tierpark), menos popular pero también agradable y apropiado para pasear.

El Zoologischer Garten es mundialmente conocido desde el nacimiento del oso polar *Knut* en diciembre del 2006, salvado por un cuidador. *Knut* había desatado pasiones por todo el mundo. Los ministros se han fotografiado a su lado y Tom Cruise y Leonardo DiCaprio no dejaron de visitarlo durante su estancia en la capital.

Berlín, con deudas hasta el cuello, hubiera podido cerrar uno de los dos zoos para ahorrar, pero lo que sucede es que estas instituciones no se suprimen así como así. Además, Berlín no se ha convertido en el gran polo económico que se esperaba y el traslado del Gobierno no ha dinamizado la economía. Hamburgo sigue registrando un producto interior bruto per cápita dos veces superior al de la capital. En Múnich es incluso tres veces superior...

Las grandes empresas que habían abandonado la ciudad después de la construcción del Muro, el 13 de agosto de 1961, no han regresado. Situada en las puertas de la Unión Europea, a solo 80 km de Polonia, la capital está aislada económicamente en medio de la llanura brandeburguesa. Con más de 230 000 parados, Berlín ha doblado su tasa de paro en 20 años (13,5%). Y el número de habitantes se mantiene en 3,4 millones, cuando se esperaba una explosión demográfica en 1989... Había incluso más habitantes en Berlín en 1940 (4,5 millones).

Barrio

PRENZLAUER BERG

MITTE – ALEXANDER PLATZ

MITTE – HACKESCHER MARKT

MITTE – UNTER DEN LINDEN

TIERGARTEN

CHARLOTTENBURG

SCHÖNEBERG

KREUZBERG

FRIEDRICHSHAIN

a

Barrio

Prenzlauer Berg

AROMA DE BOHEMIA

El atractivo de este barrio mítico sigue siendo inmenso, a pesar de las transformaciones radicales que ha sufrido desde la reunificación (ha cambiado el 80% de la población). Miserable a comienzos del s. XX, con sus "cuarteles" en los que se amontonaban los obreros de la revolución industrial, Prenzlauer Berg se salvó de los bombardeos de la Segunda Guerra Mundial, de manera que aquí se encuentran algunos vestigios del Berlín de antaño. Dejado de lado por el régimen comunista, el barrio fue ocupado después de la caída del Muro. Ya normalizado, sigue atrayendo a artistas de todo el mundo.

EPICENTROS

EL BARRIO A LA ÚLTIMA: Helmholtzplatz
EL BARRIO DE LA MODA: Kastanienallee
EL BARRIO HISTÓRICO: alrededor de Kollwitzplatz

ESENCIALES

MEMORIAL DEL MURO ⊙3: para comprender cómo funcionaba el sistema perverso del régimen de Alemania del Este para impedir la huida de su población (véase p. 45).
KOLLWITZPLATZ ⊙10: la plaza más frecuentada por los *bobos* de Prenzlauer Berg, con su mercado del sábado en donde se exhiben las personalidades de la política y de los medios de comunicación (véase p. 47).
CEMENTERIO JUDÍO ⊙1: este lugar de recogimiento, cargado de historia y lejos del ruido de la ciudad, fue profanado por los nazis (véase p. 45).
KASTANIENALLEE ⊙9: llamado el "paseo del *casting*" por sus tiendas de moda típicamente berlinesas (véase p. 46).
EL MAUERPARK ⊙11: la antigua tierra de nadie del Muro se ha convertido en lugar de fiestas a las que acuden los jóvenes a tocar música, a hacer *picnic* o a jugar a la petanca (véase p. 61).

Confidencial

ZIONSKIRCHPLATZ ⊙12: una plazoleta que sumerge al visitante en el Berlín de antes de la guerra, con sus calles sinuosas y su iglesia protestante (véase p. 47).
GEHTSEMANEKIRCHE ⊙5: esta iglesia sigue siendo el símbolo de la revolución pacífica de 1989 (véase p. 45).
WASSERTURM ⊙7: lugar de tortura para los nazis, el antiguo depósito de agua es en la actualidad un oasis de vegetación con una explanada accesible al público (véase p. 46).
PRATER GARTEN 36: este *biergarten* típicamente berlinés ha sobrevivido al tiempo y a los regímenes políticos (véase p. 55).
MUSEO DEL BARRIO ⊙2: un modesto museo que nos permite comprender los cambios urbanísticos y sociales de Prenzlauer Berg desde la reunificación de 1990 (véase p. 46).

Schivelbeiner Str.
41
Schönhauser Allee
Kopenhagenerstr.
Gleimstrasse
Gaudy Strasse
N12
Schönhauser Allee
5
Graum Strasse
Cantianstrasse
43
11
Eberswalder Strasse
Papp
Wolliner Strasse
54
45
N8
Eberswalder Strasse
42
36
24
57
17
14
15
Oderbergerstrasse
34
58
Bernauerstrasse
49
52
N29
Schwedterstrasse
Sredz
3
Brunnenstr.
Ruppinerstrasse
Wollinerstrasse
51
20
Bernauer Strasse
Schönhauser Allee
Strelitzerstr.
8
Kastanienallee
Chorinerstrasse
12
47
Zionkirch-platz
44
Ackerstrasse
Fehrbellinerstrasse
Schwedterstrasse
27
Veteranenstr.
23
46
Senefelder Platz
Senefelder Platz
Brunnenstr.
35
Weinbergsweg
N10
33
Schönhauser Allee
Rosenthaler Platz
30
Rosenthaler Platz
Torstrasse
32
Strassburger
Rosa Luxemburg Platz
500 m

21
SCHÖNHAUSER ALLEE
Wichertstraße
Stahlheimer-straße
Stargarderstrasse
PRENZLAUER ALLEE
Grellstraße
Lychenerstrasse
Schliemannstr.
Dunckerstrasse
Senefelderstrasse
Prenzlauer Allee
Fröbelplatz
GREIFSWALDER STRASSE
Danzigerstraße
Husemanstrasse
Kollwitzstrasse
Rykestrasse
Jablonskistrasse
Chodowieckstrasse
Christburger Strasse
Danzigerstraße
Greifswalderstraße
Wörtherstr.
Knaackstrasse
Marienburgerstrasse
Winsstr.
Immanuelkirchstrasse
Belforterstr.
Heinrich-Rollerstr.
Greifswalderstraße
Prenzlauer Allee
Platz am Königstor
Visitas
Comer
De copas
De compras
Salir (véase capítulo específico p. 181)

VISITAS

Un café en cada esquina, tiendas y más tiendas, monumentos, cementerios, iglesias, centros culturales... un paseo a pie por el barrio de los bobos de Berlín puede durar todo un día... que se puede prolongar por la noche en sus clubs y bares de moda.

1. CEMENTERIO JUDÍO

La naturaleza intenta conquistar las 22 000 lápidas funerarias en este cementerio profanado por los nazis durante la Segunda Guerra Mundial. Un lugar maravilloso, con una extensión de 5 Ha, para escapar de los ruidos de la ciudad. Utilizado entre 1827 y 1880, fue restaurado en 1990 y enriquecido con un pequeño museo sobre la historia del cementerio (*lapidarium*). Están enterrados allí el pintor Max Liebermann, el compositor Giacomo Meyerbeer y el editor Leopold Ullstein.

El cementerio judío de Weissensee, más al norte, es más impresionante todavía (925 33 30; Herbert-Baum-Strasse 45; do-ju 8.00-17.00, nov-mar hasta 16.00, vi 8.00-15.00; tranvía M4, M12, M13 Antonplatz).

Jüdischer Friedhof • Schönhauser Allee 22, 10435 • 441 98 24 • verano (abr-sep) lu-ju 8.00-16.00, vi 7.30-14.30, invierno lu-ju 8.00-16.00, vi 7.30-14.30, cerrado sa (sabbat) y fest judíos • es obligatorio que los hombres se cubran la cabeza (kippas disponibles en la entrada) • U2 Senefelder Platz

2. SINAGOGA

Salvada milagrosamente durante la Noche de los Cristales Rotos (1938) y profanada por los nazis que la convirtieron en cuadra, la mayor sinagoga de Alemania, situada en el antiguo Berlín Este, fue prácticamente reducida al silencio después de la guerra por falta de supervivientes. La llegada de judíos de Europa del Este después del hundimiento de la Unión Soviética ha insuflado nueva vida a esta comunidad. La sinagoga ha sido renovada y puede acoger a 1200 fieles.

Por razones de seguridad, a veces la sinagoga está cerrada al público sin previo aviso.

Synagoge Rykestrasse • Rykestrasse 53, 10405 • 880 28 316 • www.jg-berlin.org • ju 14.00-18.00, do 13.00-17.00 • **entrada 3 €, visita guiada 6 €** (ju 14.00 y 16.00, do 13.00 y 15.00; en alemán, se puede pedir en otros idiomas) • U2 Senefelder Platz • tranvía M2

3. MEMORIAL DEL MURO DE BERLÍN

Para informarse sobre el sistema de seguridad del Muro, una tierra de nadie minada e iluminada por la lúgubre luz de las farolas, hay que acudir aquí, al Centro de Documentación y al Memorial de la famosa Bernauer Strasse. Hay excelentes exposiciones al aire libre, así como una película histórica muy instructiva en 3D y documentación sobre el tema. Es el único lugar donde el Muro todavía es visible en su totalidad.

No confundir con el museo privado de Checkpoint Charlie, menos interesante desde el punto de vista histórico.

Bernauer Strasse, 13355 • 467 98 66-66 • www.berliner-mauer-dokumentationszentrum.de • ma-do 9.30-18.00 (nov-mar 9.00-18.00) • **entrada libre** • S-Bahn Nordbahnhof • tranvía M10

4. KULTURBRAUEREI

Esta antigua fábrica de cerveza de 1878 es uno de los escasos edificios industriales del s. XIX que se ha conservado en buen estado. Ocupada después de la caída del Muro, ha sido totalmente restaurada. En la actualidad alberga en sus 25 000 m² salas de cine, restaurantes, cafés y locales nocturnos. La Kulturbrauerei acoge un mercado de Navidad en diciembre y festivales todo el año.

El centro de información turística (do-mi 12.00-18.00, ju-sa 12.00-20.00) está situado en el centro del patio en la Kesselhaus (entrada entre las dos estatuas de bronce).

Schöhauser Allee 36, 10435 • 443526-0 • www.kulturbrauerei-berlin.de • lu-do 24 h • U2 Eberswalder Strasse

5. GETHSEMANEKIRCHE

He aquí el corazón de la revolución pacífica de otoño de 1989. Esta iglesia estuvo abierta día y noche durante las "manifestaciones silenciosas" contra el régimen. El primer –y último– Gobierno elegido democráticamente en la RDA vino aquí en marzo de 1990 para una misa simbólica. Fue el homenaje a los "militantes de los derechos cívicos" (*Bürgerrechtler*) del movimiento contestatario.

Stargarder Strasse 77, 10437 • 445 77 45 • www.gethsemanekirche.de • lu 13.00-19.00 (horarios susceptibles de variación), misa do 11.00 • S-Bahn Schönhauser Allee • tranvía M1, 12

6. MUSEO DE PRENZLAUER BERG

GRATIS

En esta antigua escuela de ladrillo rojo (la mejor conservada de Berlín), se tiene la impresión de que el tiempo se ha detenido. Uno se imagina las aulas y los alumnos corriendo por los pasillos antes de la guerra. La exposición permanente (arriba a la izquierda en el patio viniendo del bulevar), con fotos históricas, ilustra las inmensas transformaciones del barrio después de la reunificación. También repasa la historia de la escuela judía en Rykestrasse, cerrada por los nazis en 1941.

Prenzlauer Berg Museum • Prenzlauer Allee 227, 10405 • 29 53 91 7 • lu-vi 9.00-19.00 • entrada libre • Ⓤ2 Senefelder Platz • tranvía M2

7. WASSERTURM

El antiguo depósito de agua, de 40 m de altura, es uno de los símbolos del barrio. Construido en 1877, funcionó hasta 1915. Pocos berlineses lo saben, pero a partir de 1933 los nazis utilizaron el complejo como campo de concentración y de tortura (véase la placa conmemorativa y el panel histórico). En la actualidad, el depósito de agua alberga zonas de juegos infantiles, pistas de petanca, de baloncesto y mesas de ping-pong.

Mejor ir a última hora del día, para ver la puesta de sol desde la explanada. Es un espacio público.

Knaackstrasse esq Rykerstrasse, 10405 • Ⓤ2 Senenfelder Platz • tranvía M2

8. KASTANIENALLEE

Se trata de la calle más antigua del barrio, llamada "paseo del *casting*" por las numerosas tiendas de moda y sus cafés a la última. Comienza a la altura de la Zionskirchstrasse con el Bar 103 y acaba en el metro Eberswalder Strasse. Los pocos edificios que no han sido restaurados dan una idea del ambiente de la calle en la época de los *okupas*, en la década de 1990.

Se toma Oderberger Strasse hacia el oeste y se visita el espacio verde Hirschhof, donde se encuentran los restos de un castillo.

Ⓤ2 Eberswalder Strasse • tranvía M1, 12

9. HELMHOLTZ-PLATZ

Al barrio lo llaman "LSD" porque la inicial de las tres calles que lo cruzan forman este acrónimo (Lychener, Schliemann y Duncker). No hay traficantes a la vista en este antiguo barrio de *okupas*, sino cafés muy de moda y apartamentos lujosamente restaurados. Allí se rodó una de las mejores comedias alemanas de los últimos años, *Un verano en Berlín*. El rincón ideal para tomar una copa a última hora.

Ⓤ2 Eberwalder Strasse • tranvía M1, 12 M10

10. KOLLWITZPLATZ

Es una de las plazas más hermosas de Berlín, con su zona ajardinada y su estatua en memoria de la escultora Käthe Kollwitz, y uno de los lugares preferidos de los *bobos* del barrio, con su mercado del sábado, en el que se ve desfilar a famosos. A pesar de todo, el ambiente es muy sanote. Pueden comerse excelentes salchichas en el puesto de la carnicería Gerlach.

Se toma Husemannstrasse desde la plaza. En 1987 esta calle fue restaurada por el régimen comunista en estilo finales del s. XIX para celebrar los 750 años de la ciudad.

U2 Eberswalder Strasse • tranvía M2

11. MAUERPARK

La antigua tierra de nadie del Muro de Berlín, llamada hoy Mauerpark ("parque del Muro"), se ha transformado en cita nocturna para la juventud berlinesa, que acude allí para una barbacoa, un partido de bádminton o para tocar música. Algunos días el ambiente parece el del festival de Woodstock alrededor del anfiteatro. El domingo, el rastro atrae a muchísima gente (véase p. 61).

Se toma el túnel Gleimtunnel, que pasa bajo la antigua vía férrea, cerrada durante 28 años por el Muro.

Bernauer Strasse/Oderberger Strasse, 10437 • abierto lu-do • U2 Eberswalder Strasse

12. ZIONSKIRCHPLATZ

Una plaza maravillosa, muy romántica, con sus altos árboles, sus callejuelas y sus avenidas colindantes. Su iglesia, un lugar emblemático de la revolución pacífica de 1989, integra diferentes elementos de arquitectura románica y gótica.

Hay que visitar también la plaza Arkona (rastro el domingo), cuya atmósfera recuerda la del Berlín de comienzos del s. XX.

U8 Bernauer Strasse o Rosenthaler Platz • tranvía 12, M1

13. MONUMENTO A ERNST THÄLMANN

El escultor soviético Lew Kerbel construyó en el centro del parque Ernst Thälmann un monumento conmemorativo del jefe del partido comunista alemán asesinado por los nazis en agosto de 1944 en el campo de Buchenwald. Queda aquí de manifiesto al tiempo la dimensión de los símbolos de la propaganda comunista y de la política urbana de la Alemania del Este.

También hay que ver el Zeiss-Großplanetarium, construido en 1987, que fue uno de los planetarios más modernos de Europa. Se puede llegar a pie cruzando el parque en dirección a Prenzlauer Allee.

Ernst-Thälmann Park • tranvía 10 y M4 • S-Bahn Greifswalder Str.

COMER

MUY CHEAP

14. CAFÉ ENTWEDERODER

INTERNACIONAL

Es el primer café que abrió en la calle después de la caída del Muro. Los artistas de la RDA que constituían su clientela hace 20 años siguen estando allí, pero mucho menos numerosos. A pesar de algunas transformaciones, el ambiente bohemio sigue intacto. Con el buen tiempo, hay que aprovechar la salida o la puesta del sol desde la terraza.

Hay que probar el desayuno "EO Spetial" para dos personas (13,40 €), se tiene la sensación de haber tomado un almuerzo.

Oderberger Strasse 15, 10435 • 448 13 82 • lu-do 10.00-2.00 • U2 Eberswalder Strasse • tranvía M1, 12, M10

15. PRATER GASTSTÄTTE

ALEMÁN

Es el lugar ideal para degustar hasta las 23.00 una escalopa vienesa (16,50 €, pero lo vale) en el ambiente de una auténtica cervecería alemana. Hay que elegir las especialidades berlinesas como los *königsberger Klopse* (albóndigas de carne) o los platos con espárragos en primavera. El plato principal cuesta entre 6,80 y 19,50 €, pero basta para una comida completa. El restaurante es el lugar de cita del teatro, especialmente de los actores del Volksbühne

A partir de las 20.00 suele ser difícil encontrar sitio.

Kastanienallee 6, 10435 • 448 56 88 • www.pratergarten.de • lu-sa 18.00-23.00, mi 12.00-23.00 • U2 Eberswalder Strasse • tranvía M1, 12, M10

16. GUGELHOF

ALSACIANO

A este restaurante no se va porque el canciller alemán Gerhard Schöder y el presidente americano Bill Clinton cenaran allí un día, sino porque es excelente. El ambiente es el de una auténtica cervecería con un público heterogéneo (el aspecto poco turístico del lugar es engañoso). El servicio es impecable y la relación calidad-precio, sin competencia (entrantes 4,60-8,80 €, segundos 7-15 €).

Indispensable reservar.

Kollwitzstrasse 59, 10405 • 442 92 29 • www.gugelhof.de • lu-vi a partir de 16.00, sa-do a partir de 10.00 (desayuno hasta 16.00) • U2 Senefelderplatz

17. ODERQUELLE

REGIONAL

Aunque la carta sea reducida (dos o tres platos del día), es el mejor restaurante de la calle. Los precios son ligeramente más caros, pero uno se arregla con 20 € con una bebida. No es extraño que este local sea tan frecuentado por los bomberos del bonito cuartel de ladrillo de al lado. En verano, se aprovecha la terraza en la amplia acera.

En invierno, mejor elegir una mesa en el comedor del fondo, en los bancos de iglesia, junto a la cocina.

Oderberger Strasse 27, 10435 • 44 00 80 80 • www.oderquelle.de • lu-do 18.00-1.00 • U2 Eberswalder Strasse • tranvía M1, 12, M10

18. WEINSTEIN

REGIONAL E INTERNACIONAL

Un lugar que no deben perderse los aficionados al vino. Es famoso más allá de los confines de la capital. Es la ocasión de degustar excelentes blancos alemanes y austríacos en una atmósfera de bodega, con un servicio muy agradable y sin pretensiones. Los camareros están encantados de asesorar a la clientela.

Además de la carta, ofrece dos menús con sus correspondientes vinos.

Lychener Strasse 33, 10437 • 441 18 42 • www.weinstein.eu • lu-sa 17.00-2.00, do 18.00-2.00 • U2 Eberswalder Strasse • tranvía M1, M10, 12

19. SLAWINER

AUSTRIACO

Un pequeño restaurante por su tamaño, pero grande por sus escalopas. Se puede confiar en ellas: el cocinero es austríaco. Sus escalopas de ternera son excelentes y están servidas con una ensalada de patatas o de pepinos, a elegir. La escalopa "original" (de ternera) cuesta 11 €. Por 7 €, se tiene la versión de cerdo, la que se encuentra habitualmente en los otros establecimientos.

Sirve estofado de ternera a 8,50 € y sopa del día a 2 €.

Hagenauer Strasse 9, 10435 • 44 03 70 59 • lu-do a partir de 18.00 • U2 Eberswalder Strasse • tranvía M1, 12, M10

20. LA MUSE GUEULE

BISTRÓ FRANCÉS

Este bistró francés situado frente al cine de la Kulturbrauerei drena la clientela de las 20.00. El ambiente es muy informal y familiar. Después de la película, la gente acude allí para degustar una quiche de roquefort y pera con ensalada verde (5,80 €), seguido de una crema *brûlée* (4,80 €). Muy buenos *crémants*, vinos tintos y rosados.

Hay que llegar antes de la salida del cine, hacia las 22.00, para encontrar sitio.

Sredzkistrasse 14, 10435 • 43 20 65 96 •
lu-do 17.30-2.00 • Ⓤ2 Eberswalder Strasse •
tranvía M1, M10

21. VOLAND

RUSO

El alma rusa del barrio se encuentra en Voland, punto de encuentro tradicional para los amantes de la música del Este. Este restaurante ofrece una amplia selección de platos tradicionales rusos y ucranianos a precios razonables (9-15,80 €). Cuando la dueña está de buen humor, canta en el escenario con los músicos.

Hay que reservar para los conciertos de los viernes y los sábados por la noche (4 € por persona como suplemento en la cuenta).

Wichertstrasse 63, 10439 •
44 40 42 2 • www.voland-cafe.de •
Ⓤ2 Schönhauser Allee • tranvía 12

22. DELIZIE D'ITALIA

ITALIANO

Un rinconcito de Italia en el gran Berlín. Con sus manteles a cuadros y su carta en italiano, este restaurante ofrece excelentes pastas. De entrada, *antipasti* (un plato para dos basta). No aceptan tarjetas.

Pocas veces se superan los 25 € por persona con un entrante y pastas, incluyendo la bebida.

Kollwitzstrasse 100, 10435 •
48 49 49 77 • www.delizieditalia.de •
lu-sa 12.00-24.00 •
Ⓤ2 Eberswalder Strasse •
tranvía M10, M2

23. NOLA'S

MUY CHIC

SUIZO

Colgado en lo alto de la colina del parque de Weinberg, el Nola's es el punto de encuentro de los suizos de Berlín. En verano, con las tumbonas en la terraza, uno casi se creería en los Alpes. La carta, escrita en suizo- alemán, despliega especialidades helvéticas a precios razonables. *Risotto,* pastas o asados a partir de 8,50 €.

Hay que ir los días laborables para desayunar (los festivos está abarrotado). Desde 3 € (desayuno francés) a 12 € (desayuno completo, con copa de espumoso).

Veteranenstrasse 9, 10119 • 44 04 07 66 • www.nola.de • lu-do 10.00-1.00 • Ⓤ8 Bernauer Strasse o Rosenthaler Platz • tranvía 12, M1

24. KONNOPKE

'SNACK'

El *snack* de salchichas al curri más famoso. Fundado en 1930, ha sobrevivido a todas las catástrofes. Bajo el régimen comunista, Konnopke era una de las escasas empresas privadas. Su *Currywurst* con kétchup, cuya receta –digamos más bien su sazonamiento– se mantiene secreta, se come en pocos minutos bajo la estación de metro Eberswalder Strasse a precios sin competencia (salchichas: 1,70 €, con patatas fritas, 3,10 €).

Schönhauser Allee 44a, 10435 • 442 7 7 65 • www.konnopke-imbiss.de • lu-vi 6.00-20.00, sa 12-19.00 • Ⓤ2 Eberswalder Strasse • tranvía 12, M1, M10

25. SUPPEN-CULT

SOPAS

El lugar ideal para desayunar deprisa. Sirven una gran variedad de sopas (calientes en invierno, frías en verano) y ensaladas con productos ecológicos entre 3,70 y 4,80 €. *Baguette* o pan integral a voluntad. El lugar es pequeño, pero siempre se encuentra sitio. Muy cerca de Kollwitzplatz.

Prenzlauer Allee 42, 10405 • 47 37 89 49 • www.suppen-cult.de • lu-vi 11.00-20.00, sa 11.00-16.00 • tranvía M2 Marienburgerstrasse

26. SASAYA

JAPONÉS

Con su carta y su ambiente auténtico, hay quien sostiene que es el mejor japonés de Berlín. Famoso sobre todo por sus *sushis,* el Sasaya ofrece en sus mesas bajas otras maravillas, especialmente excelentes platos de pescado. El servicio es muy agradable y los precios, razonables (platos 5-25 €).

Indispensable reservar por la noche.

Lychener Strasse 50, 10437 • 44 71 77 21 • ju-ma 12.00-14.30 y 18.00-22.30 • Ⓤ2 Eberswalder Strasse • tranvía 12, M1, M10

27. LPG

'SNACK' ECOLÓGICO

Al mediodía, el *snack* del "mayor supermercado ecológico de Europa" (según el dueño) ofrece sopas caseras y ensaladas en autoservicio a buen precio (sopa 3,30 €, platos, 6 € aprox.). Los platos están preparados exclusivamente con productos de estación y de la región. La clientela del *snack* está compuesta sobre todo por los *bobos* del barrio, especialmente las mamás con sus vástagos.

→ ***El primer precio indicado en la carta se dirige a los socios. Hay que tener en cuenta el segundo precio.***

Kollwitzstrasse 17, 10405 • 322 97 14 00 • lu-sa 11.00-15.00 • Ⓤ2 Senefelder Platz

28. FEMMINAMORTA

ITALIANO

Uno de los mejores italianos del barrio. Con sus paredes originales de ladrillo rojo y sus estanterías de madera, la atmósfera es bastante cálida. El restaurante está a salvo del flujo turístico de Kollwitzplatz. Se pueden degustar recetas del sur de Italia, que reservan agradables sorpresas al paladar, y pastas de elaboración. La carta de vinos despertará la curiosidad de los entendidos.

Winsstrasse 30, 1040 • 44 35 06 96 • lu-do 18.00-24.00 • tranvía M2, M4, M10

29. GAGARIN

MUY CHEAP

INTERNACIONAL

Recomendable por sus desayunos del domingo. El bufé libre, compuesto por platillos rusos con *blinis*, solo cuesta 10 € (¡6 € a partir de las 15.00!). La sala está decorada con retratos del cosmonauta Yuri Gagarin y documentos sobre la aventura espacial soviética. Ambiente muy distendido y servicio agradable.

Knaackstrasse 22, 10405 • 442 88 07 • lu-do a partir de 9.00 • Ⓤ2 Senefelder Platz • tranvía M2

30. I DUE FORNI

ITALIANO

Se va allí por las *pizzas* y por el ambiente de fiesta, como de partido comunista. Hay que llegar hacia las 19.00. Después resulta difícil encontrar sitio y la espera en la barra entre los camareros que corren, francamente, no es nada agradable. Una vez sentado, uno tiene la sensación de estar en una gigantesca cantina italiana.

Schönhauser Allee 12, 10119 • 44 01 73 33 • lu-do 12.00-24.00 • U2 Senefelder Platz

31. NOCTI VAGUS

RESTAURANTE EN LA OSCURIDAD

El Dunkelrestaurant Nocti Vagus está sumido en la más absoluta oscuridad. Todos nuestros sentidos están en alerta, excepto la vista, claro está. Está servido por ciegos que se toman su tiempo para explicarnos un mundo sin luz. Se elige el menú en la entrada, la única estancia iluminada del restaurante (menú 3 platos 29-39 € lu y ma; menú 4 platos 59 € los demás días). Cada cual sale de allí con una experiencia diferente.

Hay que reservar al menos con tres días de antelación.

Saarbrückerstrasse 36-38, 10405 • 74 74 91 23 • www.noctivagus.de • lu-do 18.00-1.00 • U2 Senefelderplatz

32. WHITE TRASH FAST FOOD

COMIDA RÁPIDA

Aficionados a los ambientes ruidosos y caóticos, ¡este lugar está hecho para vosotros! Vale más reservar para poder sentarse antes de los conciertos punk-*rock* en este antiguo *pup* irlandés. Se pueden comer buenos bistecs importados especialmente de Estados Unidos o también *fondues* de queso. El público es muy internacional.

Hamburguesa y bebida por 7,50 € a mediodía.

Schönhauser Allee 6-7, 10119 • 50 34 86 68 • www.whitetrashfastfood.com • lu-vi 12.00-1.00, sa-do 18.00-2.00 • U2 Senefelder Platz

DE COPAS...

34.

35.

33. GORKI PARK

CAFÉ RUSO

Antes de "subir" hacia Prenzlauer Berg para rematar la noche, se puede comenzar haciendo una parada en este café de atmósfera muy postsoviética para tomar unos vodkas y alguna pequeña especialidad rusa.

Weinbergsweg 25, 10119 • 448 72 86 • www.gorki-park.de • lu-do 9.30-2.00 • Ⓤ8 Rosenthaler Platz • tranvía M1, 12

34. SCHWARZSAUER

CAFÉ

Si a uno todavía le apetece una copa cuando el sol ya se ha levantado, el Schwarzsauer es su lugar. Uno puede mirar a su vecino sin necesidad de hablar. Sigue abierto de madrugada y, sobre todo, ¡todavía está lleno! Aparecido en 1993, cuando todavía nadie iba a esta calle, el lugar sigue formando parte del mito Prenzlauer Berg, y sigue siendo uno de los más en boga del barrio.

···› ***Sirven desayunos hasta las 17.00.***

Kastanienallee 13/14, 10435 • 448 56 33 • www.schwarzsauer.com • lu-do 9.00-sin hora fija • Ⓤ2 Eberswalderstrasse • tranvía M1, 12, M10

35. JARDÍN DE VERANO DEL PFEFFERBERG

MUY CHIC

'BIERGARTEN'

Los altos árboles del jardín de verano se salvaron de la total renovación de este antiguo centro cultural *underground* de Prenzlauer Berg. El lugar ha perdido gran parte de su encanto, pero sigue siendo muy agradable. Se accede a la terraza por una gran escalinata de piedra. Arriba, la vista abarca toda la plaza.

···› ***Se accede al jardín por la plaza Teutoburger para visitar los patios y los edificios de esta antigua fábrica de cerveza.***

Schönhauser Allee 176, 10119 • 44 38 33 42 • www.pfefferberg.de • ma-oc lu-do a partir de 12.00 • Ⓤ2 Senefelder Platz

36. PRATER GARTEN

'BIERGARTEN'

Situado al lado del restaurante homónimo (véase p. 48), el jardín del Prater está abierto con el buen tiempo como *biergarten* (cervecería al aire libre) con más de 600 asientos. Se pide una cerveza para tomársela bajo los castaños y ¿por qué no? una salchicha en un panecillo (3 €). Este lugar tradicional existe desde 1837 y ha sobrevivido al régimen comunista.

Kastanienallee 6, 10435 • 448 56 88 • www.pratergarten.de • abr-sep lu-do a partir de 12.00 • U2 Eberswalder Strasse • tranvía M1, M10

37. WOHNZIMMER

BAR

Si uno está agotado tras un largo paseo, este lugar puede resultar una auténtica trampa. Los sofás y las butacas del Wohnzimmer ("salón" en alemán) son tan confortables, que se corre el peligro de caer en brazos de Morfeo.

El desayuno vegetariano se sirve hasta las 16.00 (4,50-6 €).

Lettestrasse 6, 10437 • 445 54 58 • www.wohnzimmer-bar.de • lu-do 9.00-4.00 • U2 Eberswalder Strasse • tranvía M1, 12, M10

38. MARIETTA

BAR

Con un estilo retro de la década de 1950, el Marietta atrae a un público muy heterogéneo. Uno puede leer tranquilamente el diario por la tarde tomando una cerveza, sentado en un banco en el exterior, comer una ración de pastel con un café hacia las 15.00, o bien llegar tarde, por la noche, para relajarse con unos cócteles en un ambiente de moda.

***Punto de encuentro gay los miércoles noche* (hetero-friendly).**

Stargarder Strasse 13, 10437 • 43 72 06 46 • www.marietta-bar.de • lu-vi 10.00-2.00, sa-do 10.00-4.00 • S-Bahn Schönhauser Allee • tranvía M1, 12

39. LUXUS

BAR

El lugar es pequeño, pero está siempre abarrotado, y esto hasta muy tarde por la noche. El local, íntimo, atrae a actores conocidos del barrio que se atreven a reunirse aquí para tomar una copa sin ser molestados. Las paredes, con un bonito alicatado, no han cambiado desde que la antigua carnicería dio paso al café después de la caída del Muro.

Belforter Strasse 18, 10405 • lu-do a partir de 20.00 • Ⓤ2 Senefelder Platz • tranvía M2

40. SOWOHL ALS AUCH

MUY CHIC

CAFÉ

Es el local más reputado del barrio por sus pasteles caseros. Ideal por la tarde para tomar un chocolate con una ración de tarta (¡enorme!). Es sin duda el café más “parisino” de la plaza, con sus bancos corridos rojos y sus mesitas cerca de las vidrieras. Por la noche está mucho más tranquilo. Ideal para quienes quieren huir de la agitación.

→ *También se puede tomar una copa enfrente, en los sofás del “café florista” Anna Blume. Es de la misma familia.*

Kollwitzstrasse 88, 10435 • 442 93 11 • lu-do 8.00-2.00 • Ⓤ2 Senefelderplatz • tranvía M2, M10

41. KOHLENQUELLE

MUY CHEAP

CAFÉ

Es el tipo de café donde se puede leer *Guerra y paz* tomando tan solo una gaseosa durante todo el día (2,20 €). No hay que esperar a que le sirvan a uno, esta antigua carbonería (*Kohle*, carbón en alemán) funciona como autoservicio. Por la noche, lejos de la agitación de los bulevares, el ambiente es el de un café-bar familiar con futbolín en el sótano. La gigantesca acera sirve de terraza en cuanto aparece un rayo de sol (incluso en invierno).

→ *Los miércoles, se baila en el sótano. La entrada suele costar 3 €.*

Kopenhagener Strasse 16, 10437 • lu-vi a partir de 9.00, sa-do a partir de 10.00 • Ⓢ-Bahn Schönhauser Allee • tranvía M1

44.

39.

42. DR. PONG

BAR

En una decoración de garaje de barrio abandonado, se juega a *ping-pong* con una cerveza en la mano. ¡Se pueden ver partidos enteros por YouTube! Dr. Pong es uno de los lugares míticos del barrio. Los que se cansan de los lugares a la última, pueden darse un garbeo por allí para recuperar el ambiente de los bares clandestinos de la década de 1990. Abre hasta la madrugada.

El público es bastante joven, pero, como en todas partes en Berlín, ello no obsta para que vaya también gente de más edad.

Eberswalder Strasse 21, 10435 • www.drpong.net • lu-sa 20.00-sin hora fija, do a partir de 18.00 • U2 Eberswalder Strasse • tranvía M1, M10, 12

43. KLUB DER REPUBLIK

BAR

En un decorado de la antigua RDA, con mobiliario y tapicería de la época, el KDR es el punto de encuentro de los *clubbers* que acuden allí a tomar una cerveza antes de ir de discoteca. Con una disposición caótica, mesas y sillas de todos los estilos, no hay que sorprenderse si uno se encuentra de repente en la mesa del vecino.

Es difícil encontrar la entrada. Se accede por el patio y, a la izquierda, se suben las escaleras.

Pappelallee 81, 10437 • www.myspace.com/klubderrepublik • ma-do a partir de 21.00 • U2 Eberswalder Strasse • tranvía M1, 12, M10

44. BAR 103

MUY CHIC

BAR

Es el café-bar ideal para quien quiere ver y ser visto. Punto de encuentro de los actores berlineses más de moda. El Bar 103 es el café más de moda de Kastanien Allée, el "paseo del *casting*", como llaman a esta calle de la moda berlinesa independiente.

Kastanienallee 49, 10119 • 48 49 26 51 • lu-vi 9.00-3.00, sa-do 10.00-3.00 • U8 Rosenthaler Platz • tranvía 12, M1 • autobús nocturno N8

45. MAUERSEGLER

CAFÉ

Para acabar la velada entre vegetación con una cerveza y una salchicha, nada mejor que este pequeño oasis situado en la frontera del antiguo Muro en el Mauerpark. En el puesto de la barbacoa, toda la noche se ofrecen parrilladas. Los precios son correctos: refrescos a partir de 1,30 €, cerveza 33cl 2,10 €, copa de vino 20 cl 2 € (¡no son grandes caldos!).

Bernauer Strasse 63/64, 13355 • 97 88 09 04 • may-oct lu-do 10.00-2.00 • Ⓤ2 Eberswalder Strasse • tranvía M1, 12, M10

46. VISITE MA TENTE

BAR

Aquí, todo depende del estilo de clientes. El ambiente puede cambiar en cualquier momento en este diminuto bar francés de Prenzlauer Berg. Sobre todo cuando llega el dueño con sus invitados. Los clientes han bailado más de una vez sobre las mesas y el mostrador. Buena selección de vinos. El bar presume además de ser el que vende más cerveza francesa Kronenbourg en Berlín.

Para quienes se han quedado con algo de hambre, sirven, hasta altas horas, excelentes platos de quesos y de charcutería (6/10 €).

Christinenstrasse 24, 10119 • 44 32 31 66 • lu-do 19.00-2.00 • Ⓤ2 Senefelderplatz • autobús nocturno N2

47. HALIFLOR

BAR

En la plétora de nuevos bares y cafés del barrio, el Haliflor sigue siendo un oasis de tranquilidad. No es extraño que los artistas prefieran reunirse aquí para tomar una cerveza o un café con leche. Además, los precios son razonables. El lugar, sin embargo, sigue estando muy de moda.

Schwedter Strasse 26, 10119 • 54 71 33 11 • lu-do 10.00-2.00 • Ⓤ8 Rosenthaler Platz • tranvía 12, M1 • autobús nocturno N8

48.

49.

48. FLUIDO

MUY CHIC

COCTELERÍA

Con 350 cócteles en la carta, es normal tomarse un tiempo para elegir el combinado. El ambiente de este bar es más bien *lounge* sin por ello ser amanerado. El Fluido está fuera de las rutas. Casi no hay turistas, la clientela es sobre todo del barrio. Los cócteles básicos (algunos sin alcohol) cuestan a partir de 5 €. También hay cerveza (2,50 €), pero no es de presión. No hay que ir antes de las 22.00.

Hay que llamar para entrar. Un timbre del tipo "club confidencial" solo está allí para hacer bonito (no hay portero). Un camarero abrirá sin más formalidad.

Christburger Strasse 6, 10405 •
44 04 39 02 • ma-ju 20.00-2.00,
vi-sa 20.00-4.00 • tranvía M2, M10 •
autobús nocturno N2

49. NEMO

BAR

Aquí los camareros no echan a nadie en plena noche. En el café Nemo el tiempo se ha detenido. No hay que asustarse si de repente uno sale a las 7.00. El público es heterogéneo y de todas las edades, el ambiente muy sanote. La decoración es la de una venta mexicana con las paredes decoradas con grandes frescos realizados por un dibujante de prensa muy famoso en Berlín.

En la sala del fondo hay un billar y un futbolín. Hay que poner una moneda en el borde de la mesa para pedir turno (puede tardar). Pueden pedirle a uno formar equipo.

Oderberger Strasse 46, 10435 •
448 19 59 • lu-do 18.00-sin hora fija •
U2 Eberswalder Strasse •
tranvía M1, 12, M10

50. TAUSCHE

MUY CHIC

BOLSOS

Es imposible encontrar bolsos más de moda. Los hay de todos los precios (a partir de 39 €) y bajo todas las costuras. Fabricados en un taller de Dresde, todos los bolsos son de poliéster. Para cambiar de estilo, han inventado la solapa intercambiable: dos solapas por cada bolso comprado.

Nada impide comprar cinco más para cada día de la semana.

Raumerstrasse 8 (Helmholtzplatz), 10437 • 40 30 17 70 • www.tausche.de • lu-vi 11.00-20.00, sa 11.00-18.00 • U2 Eberswalderstrasse • tranvía 12

DE COMPRAS

50.

51. CREME FRESH

MODA MULTIMARCA

Esta tienda ofrece una selección interesante de ropa para hombre y mujer, de zapatos y de accesorios a precios asequibles. Tienen marcas como Revolution, Gsus, St Martins, Fornarina o MeltinPot. Para zapatos: Vagabond, Buffalo y KMB.

Kastanienallee 21, 10435 • 48 62 58 27 • lu-sa 11.00-20.00 • U2 Eberswalder Strasse • tranvía M1, 12

52. DA CAPO

VINILOS

Entre las últimas tiendas de discos que han sobrevivido al digital, Da Capo ofrece una gran colección de vinilos raros de *jazz* moderno, *soul, funk, reggae,* músicas del mundo, *rock* de las décadas de 1960-1970, punk, pero también algunos discos de clásica. Si se quiere escuchar pop de la RDA, este es el lugar adecuado.

Kastanienallee 96, 10435 • 448 17 71 • www.da-capo-vinyl.de • ma-vi 11.00-19.00, sa 11.00-16.00 • U2 Eberswalder Strasse • tranvía M1

53. KOLLWITZPLATZ

MUY CHIC

MERCADO

Al lado de los puestos de fruta y de verdura, se ubican en este mercadillo muy selecto un montón de puestos de artesanos. Los precios son más bien caros para Berlín, pero los productos son originales. Es la ocasión de ir de compras al mismo tiempo que por la miríada de tiendecillas de la plaza.

Kollwitzplatz • sa 9.00-16.00 • U2 Senefelderplatz

54. MAUERPARK

MUY CHEAP

RASTRO

Un rastro auténtico, de los que ya no quedan, ruidoso, abarrotado, allí se encuentra de todo. La música suena tan fuerte (a veces hay grupos tocando en directo) que parece una feria. Siempre se sale de este vacía-desvanes con un libro de 1 €, un bibelot de 2 € o una lámpara de la abuela de 10 €.

Flohmarkt am Mauerpark • Bernauer Strasse 63, 13355 • www.mauerparkmarkt.de • do 7.00-17.00 • Ⓤ2 Eberswalder Strasse • tranvía M10 (parada Wolliner Strasse)

52.

53.

55. AEHRENKRANZ

MARROQUINERÍA

La diseñadora de moda Annette Becker es conocida desde hace unos años en Berlín. Ya ha abierto varias tiendas, pero su taller se encuentra en la Pappelallé. Si se busca un estilo berlinés y de calidad para las noches a la última de la capital, es el lugar adecuado. Se pueden comprar bolsos, gorros estilo piloto de la década de 1920, cinturones y collares de cuero.

Pappelallee 66, 10437 • 810 11 36 • www.aehrenkranz.de • ma-vi 12.00-18.00, sa 12.00-16.00 • Ⓤ2 y Ⓢ-Bahn Schönhauser Allee

56. MÄNNERGIFT

REGALOS

Nunca es fácil encontrar un regalo para un hombre. En esta tienda solo hay productos dirigidos al público masculino. ¡Y no solo preservativos! Allí se encuentra todo lo que necesita un hombre para ser feliz: desde el cuchillo de cocina japonés (versión profesional, claro está) al decantador de vino, pasando por utensilios de barbacoa, toallas y estilográficas.

Schönhauser Allee 66/67, 10437 • 56 73 92 62 • www.maennergift.de • lu-sa 11.00-19.00 • Ⓤ2 y Ⓢ-Bahn Schönhauser Allee

57. VEB ORANGE

RELIQUIAS DE LA RDA

Un paraíso de la antigua Alemania del Este sobre 50 m². Todos los objetos del día a día de los antiguos alemanes orientales están allí, desde el cenicero a la caja de cerillas, pasando por la lámpara de cocina o las sillas de jardín de plástico. Vale la pena visitar la tienda ni que sea por la atmósfera nostálgica (*Ostalgie*, dicen los alemanes). ¿Por qué no llevarse un pequeño recuerdo de un país que ya no existe?

Oderberger Strasse 29, 10435 • 97 88 68 86 • lu-sa 10.00-20.00 • Ⓤ2 Eberswalder Strasse • tranvía M1, 12, M10

57.

57.

58. LUXUS INTERNATIONAL

'GADGETS'

Una tiendecilla llena de buenas ideas. En ningún otro lugar de la ciudad se encuentra tanta creación en una superficie tan pequeña. Los diseñadores de Berlín presentan aquí sus productos al público y los venden a precios asequibles. Camisetas y postales, bolsos, ceniceros o lámparas, hay de todo y cambia continuamente.

Kastanienallee 101, 10435 • 44324877 • www.luxus-international.de • lu-vi 11.00-20.00, sa 13.00-19.00 • Ⓤ2 Eberswalder Strasse • tranvía M1, 12, M10

59. SCUDERI

MUY CHIC

JOYERÍA

El taller está a vista en la parte de atrás y la tienda, delante, como en los viejos tiempos. Las dos mujeres que trabajan allí realizan ellas mismas sus joyas, de las más *trash* a las más austeras. Hay que decidirse; estas piezas únicas son accesibles a partir de 100 €.

Wörther Strasse 32, 10405 • 47 37 42 40 • www.scuderi-schmuck.de • lu-vi 11.00-19.00, sa 11.00-16.00 • Ⓤ2 Senefelderplatz • tranvía M2

60. LOVELY DRESS

MODA FEMENINA

Una tiendecilla preciosa para mujeres. Desde la calle, parece poca cosa. El interior, en cambio, sorprende agradablemente por la calidad y el gusto de las colecciones de estilo escandinavo. Los precios son asequibles. Las mujeres del barrio acuden aquí a hacer sus compras de ropa después del mercadillo ecológico del sábado por la mañana (véase Kollwitzplatz, p. 47).

Kollwitzstrasse 56, 10405 • 81 61 49 14 • lu-vi 12.00-18.30, sa 11.00-18.00 • Ⓤ2 Senefelderplatz • tranvía M2

61. BESSERDRESSER

MODA FEMENINA

Es difícil salir de allí con las manos vacías. Hay que tomarse el tiempo. Los hombres pueden esperar fuera en el banco colocado frente a la tienda. En el mostrador presentan joyas de fantasía de jóvenes creadoras berlinesas. Sin gastar una fortuna, se pueden comprar también creaciones de la casa, bonitos vestidos de vivos colores.

···› ***Hacen retoques a medida y envíos al extranjero.***

Lychenerstrasse 10, 10437 • 34 62 18 15 • www.besserdresser.de • lu-sa 12.00-18.30 • Ⓤ2 Eberswalder Strasse

58.

61.

62. WERTVOLL

COMERCIO JUSTO

Una tienda de ropa típica de este barrio *bobo*, que vale por sí misma el viaje. Las dos diseñadoras son dos mujeres llenas de buenas intenciones. Intentan convencer a su clientela para que consuman respetando la humanidad y la naturaleza. Evidentemente, el comercio al tiempo ecológico y justo tiene su precio. ¡A 26 € el par de calcetines! Como mínimo uno se cuida de la temperatura de lavado.

Marienburger Strasse 39, 10405 • 25 56 77 26 • www.wertvoll-berlin.com • lu-vi 10.00-20.00, sa 10.00-18.00 • Ⓤ2 Senefelderplatz • tranvía M2

63. TRAGFLÄCHE

ROPA DE SEGUNDA MANO

El lugar ideal para ponerse algo encima sin gastarse una fortuna. La tienda está frecuentada sobre todo por estudiantes, pero no por ello está prohibido echarle un vistazo. Se puede remolonear allí durante horas y pedir tantos consejos como se quiera a los vendedores, siempre amables. Se encuentran prendas de ocasión de estilo retro a partir de 5 €.

Pappelallee 10, 10437 • 49853275 • www.tragflaeche.de • lu-sa 12.00-20.00 • Ⓤ2 Eberswalderstrasse

MITTE-Alexander Platz

NOSTALGIAS COMUNISTAS

El barrio ha sido modelado totalmente por cuarenta años de comunismo, y ha conservado las huellas, especialmente arquitectónicas. Alexander Platz, un gran espacio del sueño socialista, encarna al tiempo el apogeo y el hundimiento del sistema. En efecto, fue testigo de la "revolución pacífica" y de la gran manifestación del 4 de noviembre de 1989 que marcó el final del régimen, cuando los alemanes del Este entonaban a coro "el pueblo somos nosotros". Karl-Marx-Allee, bulevar del socialismo triunfante, ha conservado su autenticidad y Nikolaiviertel, barrio medieval reconstruido en la década de 1980, no ha perdido su encanto de "Disneyland de Alemania del Este".

EPICENTROS

EL BARRIO POPULAR: Alexander Platz
EL BARRIO TURÍSTICO: Nikolaiviertel
EL BARRIO HISTÓRICO: Fischerinsel

ESENCIALES

ALEXANDER PLATZ/⊙1: para medir la dimensión de la ciudad siguiendo el rastro del comunismo de Alemania del Este (véase p. 67).
TORRE DE LA TELEVISIÓN/16: es el mejor lugar para ver Berlín desde lo alto con su restaurante panorámico giratorio (véase p. 68).
NIKOLAIVIERTEL/⊙7: este barrio medieval fue reconstruido fielmente por el régimen comunista para abrirse al turismo (véase p. 69).
MÄRKISCHES MUSEUM/⊙9: el mejor medio para informarse sobre la historia de la capital, desde sus orígenes hasta la actualidad (véase p. 69).

Confidencial

KARL-MARX-ALLEE/⊙5: el bulevar ha conservado una autenticidad que merece un gran paseo por sus amplias aceras (véase p. 68).
CLAUSTRO FRANCISCANO/⊙21: una ruina medieval salvada de las locuras urbanísticas del régimen comunista (U2 Kloster Strasse).
MUSEO DE LA RDA/⊙6: no hay mejor manera de imaginarse cómo vivían los alemanes del Este y cómo eran vigilados antes de la caída del Muro (véase p. 69).
WEEK-END CLUB/18 Y N13: el local nocturno instalado en el último piso del edificio de la antigua agencia de viajes de Alemania del Este es el lugar ideal para ver Berlín desde lo alto (véase pp. 73 y 185).

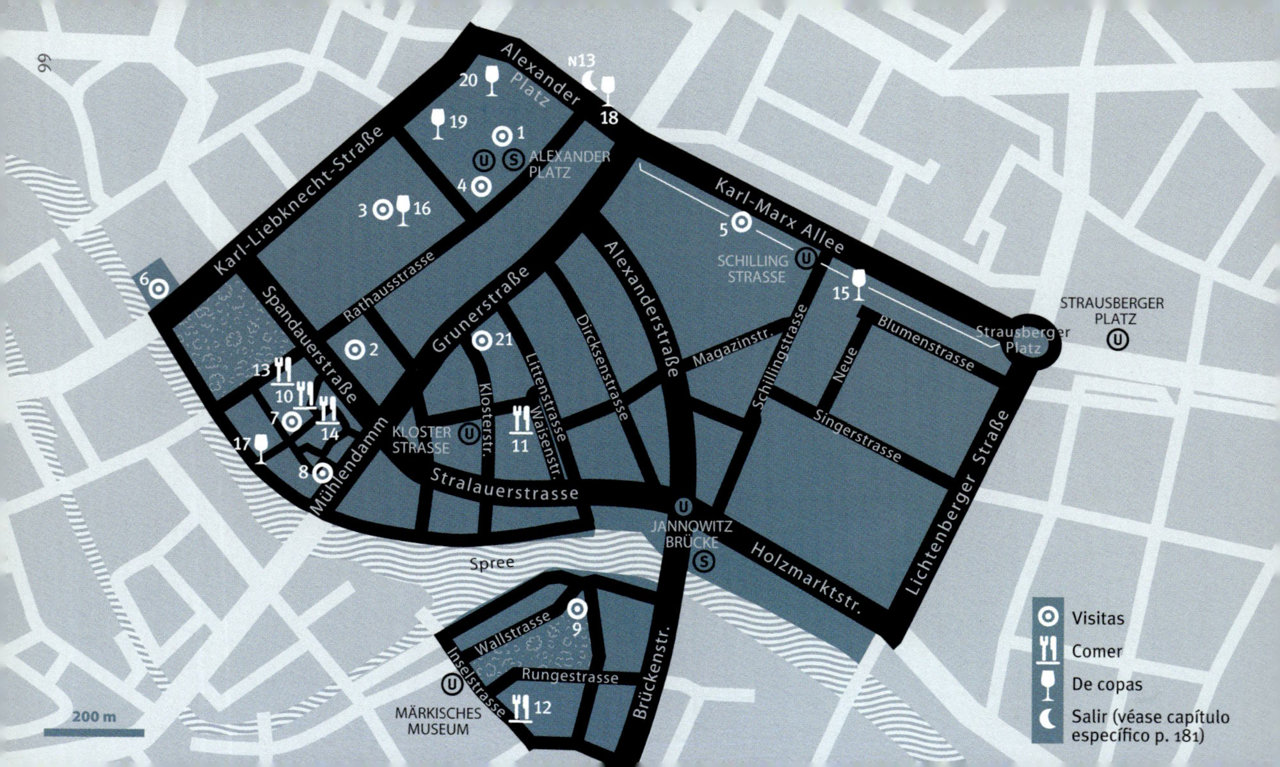
Alexanderplatz
N13
18
20
19
1
ALEXANDER PLATZ
4
3
16
Karl-Liebknecht-Straße
6
Spandauerstraße
Rathausstrasse
2
13
10
7
14
17
8
Mühlendamm
KLOSTER STRASSE
Grunerstraße
21
Klosterstr.
Littenstrasse
Waisenstr.
11
Dircksenstrasse
Alexanderstraße
Stralauerstrasse
Spree
JANNOWITZ BRÜCKE
Holzmarktstr.
Karl-Marx Allee
5
SCHILLING STRASSE
15
Magazinstr.
Schillingstrasse
Neue
Blumenstrasse
Singerstrasse
Strausberger Platz
STRAUSBERGER PLATZ
Lichtenberger Straße
9
Wallstrasse
Rungestrasse
Inselstrasse
12
MÄRKISCHES MUSEUM
Brückenstr.
200 m
Visitas
Comer
De copas
Salir (véase capítulo específico p. 181)

VISITAS

Desde los primeros pasos a lo largo de Karl-Marx-Allee, el antiguo "bulevar Stalin", uno se sumerge en la atmósfera del Berlín comunista. El tiempo se ha detenido allí con sus edificios y sus movimientos para gloria del socialismo. Una visita a lo alto de la torre de la Televisión permite, sin embargo, darse cuenta de los cambios en el Este de la ciudad.

1. ALEXANDER PLATZ

Berlín siempre ha tenido varios centros urbanos. Para los habitantes del Este, Alexander Platz es el centro de Berlín. Más de 300 000 personas cruzan la plaza cada día. Este antiguo barrio de grandes almacenes fue totalmente destruido durante la guerra, y reconstruido en la década de 1960. Vitrina de la arquitectura comunista, fue el escenario de la gigantesca manifestación el 4 de noviembre de 1989 que, ironías de la historia, marcó el final del régimen. El proyecto de un gran barrio de negocios al norte sigue sin ver la luz a falta de inversores.

··· *Al este, la casa de la Enseñanza (Haus des Lehrers) exhibe un friso de mosaico característico del realismo socialista de la década de 1960.*

U2, U5, U8 y S-Bahn Alexander Platz

2. ROTES RATHAUS

El "ayuntamiento rojo" se llama así por el color de sus ladrillos y no por razones políticas. El edificio, construido en el s. XIX, alberga desde 1991 al Gobierno reunificado de Berlín (Senado), así como a su burgomaestre (alcalde). Enfrente, las fuentes de Neptuno (Neptunbrunnen) están instaladas desde 1969 y la iglesia Marienkirche, erigida en 1270, está abierta al público de 10.00 a 21.00 (hasta las 18.00 en invierno).

··· *El memorial Marx-Engels-Forum, construido en 1986, fue desplazado temporalmente hacia el norte de la plaza debido a las obras del nuevo metro que comunica la cancillería con Alexander Platz.*

U2 Kloterstrasse

3. TORRE DE LA TELEVISIÓN

Con sus 368 m, fue el orgullo del régimen de Alemania del Este. La torre de la Televisión es en la actualidad el símbolo de toda la ciudad, como sucede con la Torre Eiffel en París. Edificada por los comunistas entre 1965 y 1969 para demostrar la superioridad tecnológica del socialismo, ahora la llaman el "espárrago" *(Telespargel)*. Vale más ir con buen tiempo y fuera de las horas de gran afluencia.

Fernsehturm • Panoramastrasse 1, 10178 • 24757537 • www.tv-turn.de • **entrada 10,50 €** • lu-do 9.00-24.00 (10.00-24.00 nov-feb) • U2, U5, U8 y S-Bahn Alexander Platz

4. WELTZEITUHR

Siempre hay gente esperando bajo el Weltzeituhr. No es extraño, este reloj universal con sus 24 husos horarios es el punto de encuentro más conocido por los berlineses. Inaugurado en 1969, fue sin duda la realización técnica más inútil de la RDA. En efecto, a los alemanes del Este les importaba un comino saber qué hora era en Cuba, cuando no estaban autorizados a viajar... Fue renovado en 1997 y se le añadieron nuevas ciudades, especialmente las de los antiguos países enemigos del socialismo. Se rebautizó Leningrado como San Petersburgo.

U2, U5, U8 y S-Bahn Alexander Platz

5. KARL-MARX-ALLEE

El antiguo gran bulevar de Berlín Este simbolizaba antaño el éxito del socialismo. Los grandes personajes del régimen tenían derecho a residir en aquellos edificios prestigiosos, modernos y cubiertos de mármol. Las fachadas del antiguo "bulevar Stalin" (rebautizado una noche como Karl-Marx-Allee) son en la actualidad monumentos históricos, únicos vestigios de la arquitectura neoclásica estaliniana de la década de 1950. El bulevar ha conservado aquella atmósfera de imperio fracasado antes de la caída del Muro.

→ *Hay que dar un paseo hacia el este a partir de la estación de metro Strausberger Platz.*

U5 Strausberger Platz

6. MUSEO DE LA RDA

Para hacerse una idea de la vida cotidiana durante el régimen comunista, vale la pena llegarse al DDR-Museum, justo frente a la catedral (Berliner Dom). El museo no pretende ser histórico sino popular. Gracias a exposiciones interactivas, se descubren los métodos de vigilancia sobre la población, los interiores de los grandes edificios prefabricados con todo tipo de objetos de la época. También uno se puede poner al volante de un Trabant, aquel coche de cartón-piedra fabricado en Alemania del Este.

DDR-Museum • Karl-Liebknecht-Strasse 1, 10178 • 8471237-31 • www.ddr-museum.de • lu-do 10.00-20.00 (sa 10.00-22.00) • **adultos/reducida 5,50/3,50 €** Ⓤ2, Ⓤ5, Ⓤ8 y Ⓢ-Bahn Alexander Platz

7. NIKOLAIVIERTEL

Descrito como el Disneyland de Berlín, el barrio medieval de San Nicolás tiene no obstante un gran interés histórico. En efecto, fue totalmente reconstruido por el régimen comunista en la década de 1980 para celebrar el 750 aniversario de la ciudad en 1987. Marca un giro en la política de destrucción urbanística masiva de Berlín Este. Este oasis turístico sigue estando muy concurrido, ya que ofrece muchos restaurantes y cafés a orillas del Spree en un agradable ambiente de vacaciones.

Ⓤ2 Kloster Strasse

8. PALACIO EPHRAIM

El suntuoso palacio Ephraim forma parte de los edificios de Nikolaiviertel reconstruidos fielmente en la década de 1980. Desmontado en 1935 para ampliar el bv. Mühlendamm, esta joya de la arquitectura rococó (s. XVIII) fue reconstruida en 1985 a 12 m de su emplazamiento original a partir de las 2000 piezas almacenadas en Berlín Oeste. El régimen comunista tuvo que negociarlas aceptando ceder al Oeste los archivos de la Manufactura Real de Porcelana de Berlín (KPM) en su poder. El palacio alberga en la actualidad exposiciones temporales sobre la ciudad de Berlín.

La entrada es gratuita el primer miércoles de mes.

Ephraim-Palais • Poststrasse 16, 10178 • 24 00 21 62 • www.stadtmuseum.de • ma-do 10.00-18.00, mi 12.00-20.00 • **adultos/reducida/-18 años 5/3 €/gratis (fotos 2 € más)** • Ⓤ2, Ⓤ5, Ⓤ8 y Ⓢ-Bahn Alexander Platz

9. MÄRKISCHES MUSEUM

Situado en el corazón histórico de un antiguo puerto, el Fischerinsel (prácticamente desaparecido bajo las bombas de la guerra y las excavadoras de la RDA), el Museo de la Marcha de Brandeburgo está dedicado a la historia de la ciudad desde la Prehistoria hasta nuestros días. El edificio parece una iglesia, pero fue construido originalmente, entre 1899 y 1908, para servir de museo. Vale la pena la visita si se está interesado en la caótica historia de esta urbe "en perpetuo devenir". En el jardín, se pueden ver dos osos en un cercado.

La entrada es gratuita el primer miércoles de mes.

Am Köllnischen Park 5, 10179 • 24 00 21 62 • www.stadtmuseum.de • ma-do 10.00-18.00, mi 12.00-20.00 • **adultos/reducida/-18 años 5/3 €/gratis (fotos 2 € más)** • Ⓤ2 Märkisches Museum

COMER

MUY CHIC

10. ZUR GERICHTSLAUBE

ALEMÁN

Si se insiste en almorzar o cenar en este barrio tan turístico, se puede ir a esta taberna rústica reconstruida fielmente por el régimen comunista en 1987. La cocina es típicamente berlinesa y sin pretensiones. Se come correctamente y a precios razonables.

Los menús ofrecidos con bebida oscilan entre los 16 y los 22 € según la cantidad de platos.

Poststrasse 28, 10178 • 241 56 97 • www.gerichtslaube.de • lu-do a partir de 11.30 • Ⓤ2 Klosterstrasse

11. ZUM LETZTEN INSTANZ

ALEMÁN

La taberna más antigua de Berlín (frecuentada en su tiempo por Napoleón), situada en el barrio medieval, lejos del tumulto de Alexander Platz, atrae a una clientela mayoritariamente internacional. Los platos (10-17 €) toman nombres jurídicos: "interrogatorio" (hígado de ternera), "pieza de convicción" (pulpeta) o "pleitear" (pecho de cerdo). Cuando hay gente, abren un segundo comedor en el piso de arriba, al que se accede por una escalera de caracol.

Waisenstrasse 14, 10179 • 242 55 28 • www.zurletzteninstanz.de • lu-sa 12.00-1.00 • Ⓤ2 Klosterstrasse

12. SUPPENGRÜN

'SNACK'

Suppengrün es el lugar ideal para almorzar deprisa en esta zona apartada. En una decoración con mucho estilo, los clientes comen de pie alrededor de las mesitas. Se puede elegir entre una gran variedad de sopas calientes o frías (3,90-4,60 €) y de ensaladas (menos de 5 €), caseras y preparadas con productos frescos. El *snack* es frecuentado por la clientela de las oficinas del barrio.

Inselstrasse 1a, 10179 • 24 78 13 90 • lu-vi 11.00-18.00 • Ⓤ2 Märkisches Museum

13. REINHARD'S

ALEMÁN

En las paredes, retratos de las leyendas del cine americano de antes de la guerra dan un toque de *glamour* a este restaurante de atmósfera retro muy parisina, con sus banquetas corridas de cuero burdeos. La clientela de este restaurante situado en el barrio medieval de Nikolaiviertel está constituida sobre todo por turistas. Al ser la mejor referencia del barrio, también se encuentra uno allí a gente de negocios. Platos entre 11,50 € (pisto gratinado) y 22,40 € (bistec con una salsa secreta de la casa).

••• *La cocina está abierta hasta las 24.00.*

Poststrasse 28, 10178 • 242 52 95 • www.reinhards.de • lu-do a partir de 9.00, *biergarten* a partir de 11.00 • Ⓤ2, Ⓤ5, Ⓤ8 y Ⓢ-Bahn Alexander Platz

14. ZUM NUSSBAUM

BERLINÉS

Esta taberna rústica es típicamente berlinesa, con sus fotos y sus proverbios de antaño colgados en las paredes. Fue totalmente reconstruida en la década de 1980. Frecuentada sobre todo por turistas de Nikolaiviertel, no hay que esperar platos de alto vuelo, sino una cocina familiar y local.

••• *Los precios son razonables y el ambiente agradable... una vez se ha encontrado asiento.*

Am Nussbaum 3, 10178 • 242 30 95 • lu-do a partir de 12.00 • Ⓤ2, Ⓤ5, Ⓤ8 y Ⓢ-Bahn Alexander Platz

DE COPAS...

15. BABETTE KMA 36

BAR

¡Vamos a beber una cerveza a la caja de cristal! así es como los berlineses describen este bar todo él transparente de Karl-Marx-Allee, frente al cine Kino International. El KMA 36 ya existía en la RDA al lado del Café Moskau, pero bajo la forma de un salón de cosmética del que se ha conservado el nombre (Babette). En la actualidad es el punto de encuentro de los juerguistas que calientan motores antes de sumergirse en los dos grandes clubs de moda de los alrededores, el Week-End y el Berghain.

Karl-Marx-Allee 36, 10178 • lu-do a partir de 18.30 • Ⓤ5 Schillingstrasse

16. TORRE DE LA TELEVISIÓN

MUY CHIC

BAR

Si uno piensa subir a lo alto de la torre de la Televisión, ha de aprovechar para tomar una copa en el Telecafé, su restaurante panorámico giratorio con una vista impresionante sobre Berlín. Los precios no son exagerados para este tipo de sitios. Hay que calcular 3 € por un café, 7,50 € por un cóctel o un combinado.

→ ***Hay que pagar la entrada a la torre (10,50 €) para acceder al restaurante panorámico. Una alternativa más modesta: la terraza del hotel Park Inn (a la derecha).***

Fernsehturm • Panoramastrasse 1, 10178 • 24 75 75 37 • www.tv-turm.de • lu-do 9.00-24.00 (10.00-24.00 nov-feb) • Ⓤ2, Ⓤ5, Ⓤ8 y Ⓢ-Bahn Alexander Platz

17. GEORGBRÄU BRAUHAUS

'BRASSERIE'

Esta *brasserie* a orillas del Spree está en el lugar ideal para tomar una cerveza en el ambiente rústico propio de una taberna berlinesa. El público está compuesto esencialmente por turistas.

Spreeufer 4, 10178 • 242 42 44 • www.georgbraeu.de • lu-vi 12.00-24.00, sa-do 10.00-24.00 • Ⓤ2, Ⓤ5, Ⓤ8 y Ⓢ-Bahn Alexander Platz

19.

20.

18. WEEK-END

BAR-CLUB

Mejor que la torre de la Televisión, que cierra a las 24.00, se puede ir a tomar una copa al Week-End, cuando abre como club nocturno. Todavía hay poca gente a estas horas de la noche. Desde la terraza del edificio de la antigua y única agencia de viajes de la RDA, Haus des Reisens, se tiene una vista fantástica sobre todo Berlín.

Los precios de las bebidas en las discotecas no son tan excesivos como en las otras capitales europeas.

12º y 15º pisos de la Haus des Reisens, Alexanderstrasse 7, 10178 • www.week-end-berlin.de • ju-do a partir de 23.00 • U2, U5, U8 y S-Bahn Alexander Platz

19. GALERIA KAUFHOF

CAFÉ

Los grandes almacenes más importantes de la RDA, construidos en 1970, fueron totalmente restaurados y remodelados en el 2006 por inversores privados. Desde entonces, tienen aspecto de gran almacén clásico, como su homónimo del Oeste, el KaDeWe (p. 143), y son mucho más acogedores. Hay que subir hasta el último piso para tomar un café en el restaurante-autoservicio. Es tranquilo y se tiene vistas de Alexander Platz y Karl-Marx-Allee.

Alexander Platz 9, 10178 • 24 74 30 • www.galerie-kaufhof.de • lu-mi 9.30-20.00, ju-sa 9.30-22.00 • U2, U5, U8 y S-Bahn Alexander Platz

20. HÔTEL PARK INN

BAR

Una excelente alternativa en caso de aglomeración al pie de la torre de la Televisión. No es necesario presentarse en recepción: se toma directamente el ascensor a la izquierda y se sale al piso 37º. Entonces se sube por la escalera de servicio. La vista panorámica desde la –pequeña– terraza es excelente, aunque está limitada al oeste. Uno se puede instalar en una tumbona y tomar una copa.

Alexanderplatz 7, 10178 • 302 38 90 • lu-do 15.00-22.00 (verano), lu-ju 15.00-18.00, vi-do 12.00-18.00 (invierno) • entrada 3 € • U2, U5, U8 y S-Bahn Alexander Platz

MITTE – Hackescher Markt

MODA Y GALERÍAS

El antiguo barrio judío alrededor de Hackescher Mark se ha transformado en el más chic de la capital. Las galerías de arte contemporáneo se han agrupado en Augustrasse y los creadores de moda en Mulackstrasse. Este barrio muy de moda es también el turístico sobre todo en Oranienburger Strasse. Una evolución que atrae también a los promotores. Restaurantes, comercios y hoteles sustituyen poco a poco los centros culturales como el legendario Tacheles, símbolo de los *okupas* de Berlín Este, cuyos artistas están periódicamente amenazados de expulsión.

EPICENTROS

EL BARRIO CHIC: Hackescher Markt
EL BARRIO DE LAS GALERÍAS: Auguststrasse
EL BARRIO DE LA MODA: Mulackstrasse
EL BARRIO TURÍSTICO: Oranienburger Strasse

ESENCIALES

HACKESCHER MARKT/⊙1Y3: de visita imprescindible, con los patios interiores de Hackesche Höfe y el Centro Cultural Schwarzenberg (véase p. 77).

ORANIENBURGER STRASSE/⊙5: flanqueado por restaurantes y tiendas para turistas, merece no obstante un paseo por sus grandes edificios prusianos y su sinagoga (véase p. 78).

TACHELES/⊙4: el último símbolo de los *okupas* de Berlín Este. Los artistas siguen luchando contra su expulsión (véase p. 78).

AUGUSTSTRASSE/⊙9: la calle de las galerías de arte de Berlín, con el KW como punto neurálgico (véase p. 79).

Confidencial

STRANDBAR (VERANO)/🍷24: tomar una copa en una tumbona a orillas del Spree con vistas sobre los museos y la torre de la Televisión. Berlín en estado puro (véase p. 86).

PASAJE HECKMANN HÖFE/🍷29: un oasis de tranquilidad para evitar el jaleo de Oranienburger Strasse (entrada por el nº 32 o por Auguststrasse; véase p. 87).

CAMPUS DEL HOSPITAL UNIVERSITARIO DE LA CARIDAD/⊙2: vale la pena visitarlo si se está interesado por el antiguo barrio de los hugonotes refugiados (véase p. 77).

MULACKSTRASSE/🛍31: las marcas independientes de la moda berlinesa e internacional se han instalado en esta callecita de la capital (véase p. 88).

ALREDEDORES DEL VOLKSBÜHNE/⊙42: al oeste del teatro de Berlín Este se encontraba antaño Scheunenviertel, el barrio pobre de los judíos de Europa del Este.

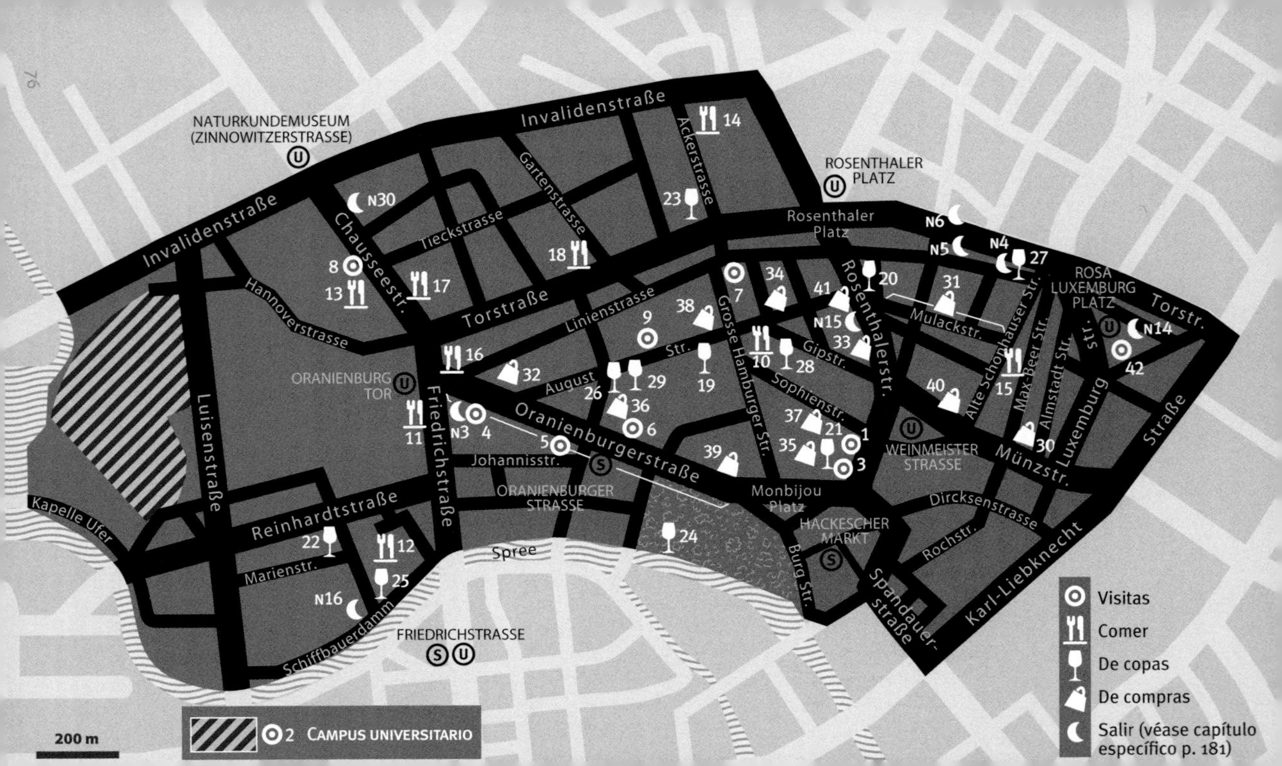

NATURKUNDEMUSEUM (ZINNOWITZERSTRASSE)
ROSENTHALER PLATZ
Invalidenstraße
Ackerstrasse
Gartenstrasse
Tieckstrasse
Chausseestr.
Hannoverstrasse
Torstraße
Linienstrasse
Rosenthaler Platz
August Str.
Grosse Hamburger Str.
Gipsstr.
Sophienstr.
Rosenthalerstr.
Mulackstr.
Alte Schönhauser Str.
Max-Beer Str.
Almstadt Str.
ROSA LUXEMBURG PLATZ
Luxemburg str.
Torstr.
Straße
Münzstr.
WEINMEISTER STRASSE
Dircksenstrasse
Rochstr.
Karl-Liebknecht
Spandauer-straße
HACKESCHER MARKT
Burg Str.
Monbijou Platz
Oranienburgerstraße
ORANIENBURGER STRASSE
Johannisstr.
ORANIENBURG TOR
Friedrichstraße
Luisenstraße
Reinhardtstraße
Marienstr.
Schiffbauerdamm
Kapelle Ufer
Spree
FRIEDRICHSTRASSE
200 m
2 CAMPUS UNIVERSITARIO
Visitas
Comer
De copas
De compras
Salir (véase capítulo específico p. 181)

VISITAS

Es el lugar ideal para ir de compras. La cantidad de galerías de arte y de tiendas de moda es impresionante. Pero el barrio también está cargado de historia. Uno puede interesarse especialmente sobe el trágico destino de los judíos del Scheunenviertel visitando la nueva sinagoga, el cementerio, la Koppenplatz o la casa Schwarzenberg.

1. HAUS SCHWARZENBERG

Hay que ir al fondo del patio para ver qué aspecto tenía el barrio antes de la caída del Muro. Este edificio, que perteneció antaño a un abogado judío expropiado por los nazis, es el único del barrio que ha sobrevivido a la voracidad de los promotores. En los pisos, varios artistas han conservado sus talleres. También hay un cine (con filmes en VO) y la exposición permanente del Centro Ana Frank, asesinada a los 15 años por los nazis en el campo de Bergen-Belsen (ma-do 10.00-18.00, entrada 5 €).

··· *También hay que ver dos exposiciones sobre los héroes en la sombra que protegieron a judíos durante la guerra (taller Otto Weidt y Centro de Documentación sobre la Resistencia contra la Persecución de los Judíos. Horario 10.00-20.00).*

Rosenthaler Strasse 39, 10178 • www.haus-schwarzenberg.org • lu-do • Ⓤ8 Weinmeisterstrasse

2. CAMPUS DEL HOSPITAL UNIVERSITARIO DE LA CARIDAD

El Campus Charité Mitte (CCM) es un complejo universitario que se extiende sobre varias hectáreas en el corazón de Berlín. Alberga una multitud de pequeños edificios de ladrillo rojo alrededor de un gigantesco hospital central construido bajo la RDA. Un paseo por el parque, bajo los árboles, nos vuelve a sumergir en una época que uno creía desaparecida en Berlín. El contraste arquitectónico entre lo antiguo y los edificios de la década de 1960 es impresionante. El campus tiene numerosos accesos.

··· *Puede visitarse el Museo Histórico Médico en el campus (Charité Platz 1; ma-ju, vi y do 10.00-17.00, mi, sa 10.00-19.00; entrada 5 €).*

Ⓢ-Bahn Oranienburger Strasse • tranvía M1, 12

3. HACKESCHE HÖFE

Auténtica atracción turística. Los Hackesche Höfe, construidos en 1906, son una sucesión de patios interiores que acogen cines, teatros, tiendas, cafés y restaurantes. Bajo los arcos del viaducto de la estación de Ⓢ-Bahn Hackescher Markt se han instalado una multitud de restaurantes y de bares.

··· *Mercado en la plaza los jueves.*

Rosenthalerstrasse 40/41 y Sophienstrasse 6, 10178 • 280 980 10 • www.hackesche-hoefe.com • Ⓢ-Bahn Hackescher Markt • tranvía M1, M4, M12

4. TACHELES

Invadido por artistas después de la caída del Muro, el Tacheles es el edificio *okupa* más conocido de Alemania. Su centro cultural –modernizado posteriormente– acoge a artistas de todo el mundo, pero también alberga cafés (con un jardín creado por los artistas) y un cine. Estos antiguos grandes almacenes habían sido ocupados por los SS durante la guerra. Una parte se salvó de las bombas. Los *okupas* luchan en la actualidad contra su expulsión, ya que los promotores quieren transformar el lugar en centro comercial.

Oranienburger Strasse 55, 10117 • 282 61 85 • www.tacheles.de • Ⓢ-Bahn Oranienburger Strasse • tranvía M1, 12

5. ORANIENBURGER STRASSE

La mudanza forzada del hermoso centro de exposiciones fotográficas C/O Berlin (un promotor ha comprado los locales del Postfuhramt, el antiguo centro postal) ha tocado el réquiem de la cultura en esta calle mítica de los *okupas* de Berlín Este. En la actualidad casi cada edificio dispone a sus pies de un restaurante o una tienda para turistas. Se recomienda, no obstante, un paseo con una pausa en la gran sinagoga, el edificio más significativo de la calle.

··· *Por la noche, la calle es un lugar de prostitución (a lo largo del Monbijoupark).*

Parte Oeste: Ⓢ-Bahn Hackescher Markt • tranvía M1, M4, M12
Parte Este: Ⓢ-Bahn Oranienburger Strasse • tranvía M1, 12

6. NUEVA SINAGOGA – CENTRUM JUDAICUM

Acabada en 1866, la sinagoga fue profanada por los nazis durante la Noche de los Cristales Rotos, el 9 de noviembre de 1938. Fue destruida casi totalmente por las bombas de los Aliados y quedó en ruinas hasta la década de 1980. La restauración de la fachada y de la cúpula le devolvió todo su esplendor, pero no su tamaño original. Desde el 2006 es la sede de la comunidad judía berlinesa. La sinagoga alberga diversas exposiciones.

···➔ ***Las medidas de seguridad son prácticamente las mismas que en el aeropuerto (detector de metales). La sinagoga está vigilada las 24 h por la policía.***

Oranienburger Strasse 28/30, 10117 • 88 02 83 16 • www.cjudaicum.de • do-lu 10.00-20.00 (10.00-18.00 nov-feb), ma-ju 10.00-18.00, vi 10.00-17.00 (10.00-14.00 mar-feb) • **entrada 3 €** • S-Bahn Oranienburger Strasse • tranvía M1, M6

7. KOPPENPLATZ

La plaza merece una pequeña pausa en el jardincillo central. El escultor Karl Biedermann y la arquitecta paisajista Eva Butzmann realizaron aquí en 1991 un remanso de paz cargado de historia. La escultura de bronce, *La pieza que se abandona (Der verlasse Raum)*, escenifica la violencia de los interrogatorios nazis. Esta obra fue concebida como un memorial en recuerdo de las deportaciones masivas en este antiguo barrio judío, llamado Scheunenviertel.

U8 Rosenthaler Platz

8. MUSEO BERTOLT BRECHT

Al regresar del exilio, el dramaturgo vivió en el primer piso de este edificio con su esposa, Helene Weigel, de 1953 hasta su muerte el 14 de agosto de 1956. Aquí estaba muy cerca de su teatro, el Berliner Ensemble. Se pueden visitar tres habitaciones del apartamento en su disposición original.

···➔ ***Brecht está enterrado con su esposa junto a la casa, en el cementerio en el que se encuentran también otros ilustres de las letras alemanas (Hegel, Johann Gottlieb Fichte, Heinrich Mann, Anna Seghers...).***

Bertolt Brecht Haus • Chausseestrasse 125, 10115 • 200 57 18 44 • ma 10.00-11.30 y 14.00-15.30, mi y vi 10.00-11.30, ju 10.00-11.30 y 17.00-18.30, sa 10.00-12.00 y 13.00-15.30, do 11.00-18.00 • **solo visitas guiadas 5 €** (cada 30 min, o cada h) • U6 Naturkundemuseum • tranvía 12

9. GALERÍA KW

Esta galería de arte contemporáneo, a la que se accede por un pequeño patio interior, ha elegido sede en una antigua fábrica de margarina. Se puede admirar de paso la escalera de madera bajo el porche, que forma parte de un edificio de 1794. Los Kunst-Werke albergan desde 1991 exposiciones de arte de nivel internacional, pero también exposiciones sobre la historia.

···➔ ***La calle del KW, Auguststrasse, es la calle de las galerías de arte de la capital.***

Auguststrasse 69, 10117 • www.kw-berlin.de • 243 45 90 • ma-do 12.00-19.00 (ju hasta 21.00) • **entrada 6 €** • S-Bahn Oranienburger Strasse • tranvía M1, 12

COMER

MUY CHIC

10. KUCHI

'SUSHIS'

El éxito de este restaurante al oeste de la ciudad ha animado al propietario a abrir un segundo local en la parte este de Berlín después de la reunificación (muchos restauradores del Oeste han abierto filiales en el Este, pero sin tanto éxito). El precio de los principales oscila entre los 8 y los 23 €. El establecimiento goza del favor de la juventud dorada de Mitte.

Hay que ir a mediodía (en verano, terraza en el patio) con toda la fauna moderna que trabaja en el barrio. Los menús cuestan menos de 10 €.

Gipsstrasse 3, 10119 • 28 38 66 22 • www.kuchi.de • lu-sa 12.00-24.00 y do 18.00-24.00 • Ⓤ8 Rosenthaler Platz o Weinmeisterstrasse

11. PANINOTECA

SANDWICHERÍA

¡Por fin un local que sabe hacer sándwiches en Berlín! Hechos con pan *focaccia* o *ciabatta*, cuestan menos de 5 € y uno queda satisfecho. Como postre, se puede acompañar el café con una ración de pastel casero (están en la barra). También sirven diferentes ensaladas mixtas y sopas. No hay mejor sitio en el barrio para un almuerzo rápido. Pero cuidado, a veces hay que hacer cola.

Friedrichstrasse 128, 10117 • lu-vi 10.00-17.00 • Ⓤ6 Oranienburger Tor • tranvía M1, 12, M6

12. BERLINER ENSEMBLE

MUY CHEAP

CANTINA

Detrás del famoso teatro de Bertold Brecht (Berliner Ensemble), los actores se reponen en su cantina, a veces entre ensayos, sin quitarse el vestuario de la obra. Hay cuatro platos del día y está abierto a todo el mundo. La cocina es familiar y de una relación calidad-precio sin competencia (principales alrededor de 5€). Los actores pagan el precio "de la casa", los demás el precio "Gast" ("invitado"). Cuando hace buen tiempo, se come en el patio.

Se entra al teatro por la derecha y se cruza el patio. Allí se encuentran los escalones que llevan a esta cantina subterránea.

Bertolt-Brecht-Platz 1, 10117 • lu-do 9.00-24.00 • Ⓤ6 o Ⓢ-Bahn Friedrichstrasse

13. BRECHT-KELLER

AUSTRÍACO

El restaurante se encuentra bajo el Museo Bertold Brecht. Está instalado en las bodegas, bajo el piso del dramaturgo. Decorado con muebles recuperados en el teatro del Berliner Ensemble, la "Bodega de Brecht" ofrece una cocina tradicional con vinos austríacos de calidad (principales 6-18 €) y menús por 20-24 €. El *Tafel-spitz* (lomo de buey) es la especialidad de la casa. Con el buen tiempo, se puede cenar en la terraza del patio, bajo los grandes castaños.

Chausseestrasse 125, 10 115 • 282 38 43 • www.brechtkeller.de • lu-do a partir de 18.00 • Ⓤ6 Naturkundemuseum • tranvía 12

14. PAPÀ PANE

ITALIANO

Decoración a la moda y *pizzas* gigantescas. En Papà Pane, se viene por el ambiente italiano, pero también por su excelente cocina. Los precios son muy asequibles (principales 4,50-15 €). Papà Pane cambia su carta en función de la estación. En verano, grandes ensaladas frescas y en invierno más bien solomillo de buey gratinado al *brie*.

Ackerstrasse 23, 10115 • 28 09 27 01 • www.papapane.de • lu-do 12.00-24.00 (almuerzo lu-sa 12.00-15.30) • Ⓢ-Bahn Nordbahnhof • Ⓤ8 Rosenthaler Platz • tranvía M8, 12

MUY CHIC

15. MONSIEUR VUONG

VIETNAMITA

¿Quién no conoce a monsieur Vuong, sus farolillos y sus budas? Uno de los primeros vietnamitas del barrio se ha ganado una buena reputación por sus bajos precios, su excelente cocina y su decoración exótica. Cada día se puede elegir entre cuatro sopas y dos segundos platos (7,40-9,80 €). El Berlín moderno acude aquí a mediodía y por la noche. Monsieur Vuong va a veces a saludar personalmente a sus comensales a la mesa.

Por supuesto, vale más reservar.

Alte Schönhauser Strasse 46, 10119 • 99 29 69 24 • www.monsieurvuong.de • lu-do 12.00-24.00 h • U8 Weinmeisterstrasse o U2 Rosa-Luxemburg-Platz

16. GAMBRINUS

ALEMÁN

El establecimiento existía ya antes de la caída del Muro. Ahogado en la actualidad por los restaurantes turísticos de Oranienburger Strasse, el Gambrinus es el único que ofrece una cocina alemana con una decoración típicamente berlinesa. Los platos son muy baratos (2,50-16 €). También son consistentes (guisado a lo labriego) y acompañados de chucrut, de patatas salteadas o de una ensalada de pepino. No es apto para inapetentes. Gambrinus es una referencia para los aficionados a la cerveza: hay seis tipos diferentes de presión.

Recomendable su* Business lunch*, con su menú a 4,80 €, incl. postre (6 platos a elegir).

Linienstrasse 133, 10115 • 282 60 43 • lu-do 12.00-2.00 • S-Bahn Oranienburger Strasse • tranvía M1, M6, 12

MUY CHIC Y MUY CHEAP

17. SPEISE-ZIMMER

AUSTRÍACO/ MEDITERRÁNEO

Escondido en un patio de la antigua fábrica de locomotoras a vapor Borsig, el restaurante está gestionado por una austríaca que ha hecho carrera en televisión. En 10 años, Sarah Wiener se convirtió en la cocinera más conocida de la pequeña pantalla. El Speisezimmer, su cuartel general, ofrece platos variados y ligeros con una relación calidad-precio sin competencia (principales 7-24 €). La gente se sienta en grandes mesas comunes. En verano, abren la terraza en el patio.

Hay que pasar bajo el primer porche para acceder al patio en el que se encuentra el restaurante.

Chausseestrasse 8, 10115 • 814 52 94 30 • www.sarahwieners.de • lu-vi 12.00-23.00, sa-do 18.00-23.00 • Ⓤ6 Oranienburger Tor • tranvía M1, 12, M6

18. THEMROC

INTERNACIONAL

Los epicúreos (*Lebenskünstler* en alemán) se dan cita en Themroc. El antiguo *snack* de la RDA es en la actualidad un café-restaurante bohemio amueblado con objetos adquiridos en el rastro o encontrados en desvanes. La música se mueve entre Miles Davis y Georges Brassens. Uno o dos menús cada día bastan para ser felices en el Themroc, donde ningún plato supera los 8 €.

Es una de las mejores referencias del barrio. Conviene reservar.

Torstrasse 183, 10115 • 282 44 74 • lu-do 12.00-24.00 • Ⓤ8 Rosenthaler Platz • tranvía M1, 12, M8

DE COPAS...

19. BALLHAUS MITTE

CAFÉ-BAILE

Es uno de los últimos lugares auténticos que no ha sido renovado en Mitte. Comprende una magnífica sala de baile de la década de 1920. Sesiones de baile cada sábado noche con un público de todas las edades. En el exterior, un jardín florido en verano y algunas mesas para tomar una copa. No hay que dudar en subir al primer piso, a la Spiegelsaal, una gran sala decrépita que ha sabido resistir el paso del tiempo, magnífica con sus espejos.

Auguststrasse 24, 10117 • 282 92 95 • www.ballhaus.de • lu-do 10.00-sin hora fija • S-Bahn Oranienburger Strasse • tranvía M1

20. AMANO BAR

MUY CHIC

TERRAZA

Elegante sin ser demasiado frío con sus espejos, el bar del hotel Amano es un refugio de lujo en medio de un barrio caótico. El ambiente es más bien glamuroso. Son recomendables los cócteles (a partir de 6 €), pero también se puede uno conformar con una cerveza sin arruinarse (3 €).

Hay que subir directamente por el ascensor al 5º piso del hotel. La terraza ofrece una vista hermosísima sobre Berlín, en un ambiente muy VIP.

Auguststrasse 43, 10119 • 809 41 50 • www.hotel-amano. com • lu-do 14.00-sin hora fija • U8 Rosenthaler Platz • S-Bahn Hackescher Markt

21. CAFÉ CINEMA

MUY CHEAP

CAFÉ

Es el único lugar para reencontrarse con el ambiente de la década de 1990 en el barrio de Hackescher Markt. En un ambiente "poscaída del Muro", el CC (Café Cinema) no ofrece más que un poco de paz en este barrio tan turístico. Siempre hay exposiciones de fotografía en las paredes. También sirven platillos a precios asequibles.

Rosenthaler Strasse 39, 10178 • 280 64 15 • lu-do 12.00-2.00 • U8 Weinmeisterstrasse

21.

22.

23.

22. BÖSE BUBEN BAR

CAFÉ

Qué felicidad encontrar un pequeño café de intelectuales en este barrio mediático. Situado en una calle apartada del tumulto de Friedrichstrasse, el Böse Buben Bar ("bar de los chicos malos") es un lugar ideal para tomar una copa tranquilamente. Frecuentado por periodistas y responsables políticos del barrio gubernamental, también es apreciado por los habitantes y los turistas. La combinación perfecta. El café organiza lecturas periódicamente.

Marienstrasse 18, 10117 • 27 59 69 09 • www.boesebubenbar.com • lu-do 9.00-sin hora fija • U6 o S-Bahn Friedrichstrasse

23. SCHOKOLADEN

CAFÉ-CONCIERTO

El café *destroy* de la década de 1990 está en uno de los últimos edificios que no han sido modernizados. El Schokoladen acoge a un público "antichic" y "antibobo". El café ofrece conciertos pop, *rock* o punk de miércoles a sábado en una atmósfera de salón *hippy*. La gran cita musical tiene lugar el primer y tercer miércoles del mes con conciertos –más bien *soft*– de compositores-intérpretes (entrada 6 €).

Ackerstrasse 169, 10115 • 282 65 27 • www.schokoladen-mitte.de • U8 Rosenthaler Platz • tranvía M1, 12, M8

24. STRANDBAR

MUY CHIC

CHIRINGUITO DE PLAYA

El "Bar de la playa" ha sido renovado totalmente. Ha perdido el encanto que le daba su toque provisional, pero el primer "Berlín-playa" de la capital sigue siendo muy agradable con sus vistas sobre el Bode Museum. A orillas del Spree, se está protegido del ruido de los coches. Los berlineses vienen aquí a tomar una copa al salir del trabajo o por la noche cuando hace buen tiempo. Se pueden encargar *pizzas* para llevar.

→ *Más arriba, el anfiteatro de madera acoge en verano conciertos y representaciones teatrales.*

en el Monbijoupark • 24 08 47 88 • www.strandbar-mitte.de • may-sep a partir de 10.00 • S-Bahn Hackescher Markt • tranvía M1

25. STÄV

BAR

El Ständige Vertretung (Stäv) es la sucursal de un bar político de Bonn. Quiere ser el digno representante de todos los renanos de la capital desde que se mudó el Gobierno en 1999. Se celebra el carnaval (desconocido en Berlín) y se bebe Kölch (cerveza de Colonia), que según los renanos, hace feliz. La decoración está hecha a base de fotos de responsables políticos que habían frecuentado el bar de Bonn. En la actualidad, van sobre todo turistas.

Schiffbauerdamm 8, 10117 • 282 39 65 • www.staev.de • lu-do a partir de 11.00 • U6 o S-Bahn Friedrichstrasse

26. ZOSCH

CAFÉ

Rodeado de cafés elegantes de los galeristas de la Augustsatrasse, el café Zosch ha sabido conservar un aroma de bohemia de la década de 1990. Los precios son correctos, se puede comer también por menos de 10 €. Hay que bajar a la bodega abovedada para tomar una copa. Tocan grupos de *rock* varias veces cada semana. ¡Hay que ir antes de que cierren!

Tucholskystrasse 30, 10117 • 280 76 64 • www.zosch-berlin.de • lu-do a partir de 16.00 • S-Bahn Oranienburger Strasse • tranvía M1

29.

29.

29.

27. KAFFEE BURGER

CAFÉ-BAILE

Una auténtica institución, el Burger fue fundado por el ruso más célebre de la capital. El escritor Vladimir Kaminer se dio a conocer aquí en la década de 1990 por sus famosas noches de disco ruso. La decoración de Alemania Oriental, con sus tapicerías desteñidas, no ha cambiado. El café organiza siempre lecturas, conciertos y veladas. A veces hay mucha gente y es fácil tomar una copa de más.

Torstrasse 60, 10119 • 28 04 64 95 • www.kaffeeburger.de • lu-do a partir de 21.00, do a partir de 19.00 para bailar • U2 Rosa-Luxemburg Platz

28. GREENWICH

MUY CHIC

BAR

Si se quiere tener una idea del color que estará de moda la próxima temporada, hay que acudir a este bar elegante de austero mobiliario. El Greenwich atrae todavía a todo tipo de artistas, de profesionales de la moda y de actores de Berlín que desean mantenerse al día y charlar de sus grandes proyectos de carrera sentados en sofás de diseño. El gran acuario está allí para los que no tienen nada que decir. O gusta o se odia.

Gipsstrasse 5, 10117 • 28 095 566 • www.greenwichbar.com • lu-do 20.00-sin hora fija • U8 Rosenthaler Platz o Weinmeisterstrasse

29. HECKMANN HÖFE

CAFÉS

Para escapar del jaleo de los Hackesche Höfe, paso obligatorio de todos los turistas, hay que venir aquí, a cuatro pasos, a los Heckmann Höfe, situados al lado de la sinagoga. De repente, el ambiente es mucho más tranquilo en el pequeño patio con su fuente. En verano, uno creería estar en el Mediterráneo, a la sombra de los plátanos.

Hay también un acceso a los patios interiores por Auguststrasse

Oranienburger Strasse 32, 10117 • 40 05 49 61 • lu-do 12.00-20.00 • S-Bahn Oranienburger Strasse • tranvía M1

30. SCATOLINA

PAPELERÍA DE LUJO

Scatolina es un mundo hecho de papel. A uno le gustaría tener una tienda de este tipo bajo su casa para poder enviar hermosas tarjetas de aniversario. Hay tarjetas *pop-up*, lámparas, calendarios, hermosísimos papeles de regalo y cantidad de otras cosas para obsequiar.

Almstadtstrasse 3, 10119 • 20 08 93 93 • lu-vi 12.00-18.00, sa 12.00-16.00 • U8 Weinmeisterstrasse o Alexander Platz

DE COMPRAS

32.

MUY CHIC

31. MULACKSTRASSE

MODA-CREADORES

Lo mismo que la Auguststrasse para las galerías, Mulack es la calle de la moda más actual en Berlín. Las marcas –berlinesas o internacionales– más en boga se han instalado en esta estrecha calle de la capital. Durante la semana de la moda (Fashion Week) que se celebra cada año en julio, los profesionales se dan cita aquí después de los desfiles. Mulack merece realmente un paseo, ya que encarna el nuevo Berlín creativo y elegante.

U2 Rosenthaler Platz
o U8 Weinmeisterstrasse

32. ZADIG

LIBRERÍA FRANCESA

Esta excelente librería francesa es uno de los principales puntos de cita de la cultura francófona en Berlín. Organiza lecturas y conciertos en la trastienda. Los autores vienen a veces a presentar sus obras al público. La librería ofrece una amplia selección de libros en francés y dispone de una sección dedicada a Berlín.

Linienstrasse 141, 10115 • 28 09 99 05 •
www.zadigbuchhandlung.de •
lu-vi 11.00-19.00, sa 11.00-17.00 •
U6 Oranienburger Tor •
tranvía M1, 12, M6

33. WAAHNSINN BERLIN

BAZAR

Se encuentra de todo en el "Berlín loco-loco". Esta tienda, situada al pie de un antiguo bloque de viviendas de Alemania del Este, ofrece ropa, muebles, lámparas y accesorios de la década de 1940 a la de 1970. Nuevos o de ocasión. Lo esencial es que los objetos sean "locos-locos".

Rosenthaler Strasse 17, 10119 • 282 00 29 • www.waahnsinn-berlin.de • lu-sa 12.00-20.00, do 12.00-18.00 • U8 Weinmeisterstrasse

33.

34.

35.

34. PEARL'S PLANET

PERLAS

En esta pequeña tienda de Auguststrasse se habla mejor el checo, pero no hace falta hablarlo muy bien para aprender a hacer collares. Se puede elegir entre 15 000 perlas de Bohemia para hacer collares, pulseras y muchos otros accesorios de fantasía. El dueño explicará cómo se hacen (organiza incluso talleres). Se pagan las perlas por unidad o bien a vasos.

→ La tienda suele estar abarrotada los sábados.

Auguststrasse 52, 10119 • 50 59 74 70 • www.pearlsplanet-berlin.de • lu-vi 11.00-19.00, sa 11.00-18.00 • U8 Rosenthaler Platz

35. BFN CONCEPT STORE

MUY CHIC

MODA-CREADORES BERLINESES

BFN (Berlin Fashion Network) es la mayor plataforma berlinesa de distribución y de promoción de los creadores independientes. Representa a más de 100 marcas de la capital. La tienda Concept Store de los Hackesche Höfe vende en dos pisos colecciones procedentes de 40 firmas berlinesas e internacionales independientes. Se encuentra allí ropa informal y *streetwear* así como alta costura. La exclusividad tiene un precio: bolso 119 €, gorra 89 €.

Rosenthaler Strasse 40/41, 10178 • Hackesche Höfe, Patio III • www.berlinfashionnetwork.com • lu-sa 11.00-20.00 • U8 Weinmeisterstrasse • S-Bahn Hackescher Markt • tranvía M1

36. NIX

MODA-CREADORES

La marca independiente berlinesa Nix está escondida en los patios interiores de los Heckmann Höfe, lejos de la agitación de la Mulackstrasse y de los Hackesche Höfe, dos centros de la creación berlinesa. La fundadora, Barbara Gebhardt, una de las pioneras de la *nouvelle vague* berlinesa, presenta colecciones adaptadas a las necesidades cotidianas de los urbanitas.

Oranienburger Strasse 32, 10117 • 281 80 44 • www.nix.de • lu-sa 11.00-20.00 • S-Bahn Oranienburger Strasse • tranvía M1

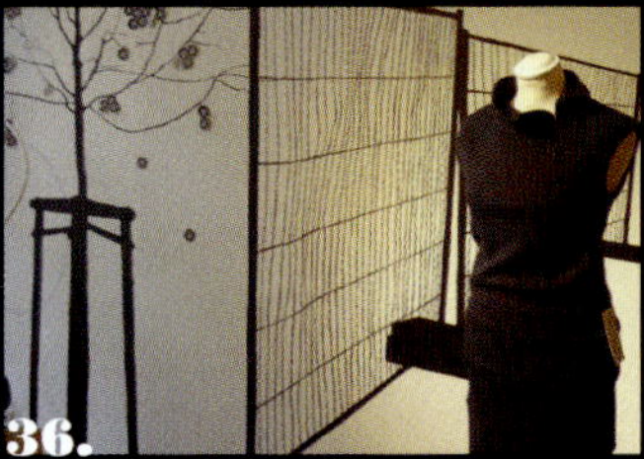

36.

37.

37. AMPELMANN

'SOUVENIRS'

El hombrecillo de los semáforos de la antigua Alemania del Este, se ha convertido en objeto de culto. Con su gran sombrero y su aspecto de figurita de futbolín, Ampelmann se ha colado en la actualidad en todas las salsas del *marketing*. El simpático hombrecillo se convierte en paquete de chicle (2,20 €), aplique mural (79 €), toalla, camiseta o llavero. Ampelmann está tan de moda, que existe incluso en versión restaurante.

→ *Existen cuatro tiendas Ampelmann en Berlín.*

Rosenthaler Strasse 40/41, 10178 • 44 04 88 01 • www.ampelmann.de • Hackesche Höfe, Patio III • lu-sa 11.00-20.00 • U8 Weinmeisterstrasse • S-Bahn Hackescher Markt • tranvía M1

38. KONK

MODA-CREADORES

Esta tienda, instalada en un pequeño callejón que confluye en Auguststrasse, ofrece artículos de gran calidad, la mayoría de ellos creados por estilistas berlineses como Antonia Goy, c.neon, Kaviar gauche, Franzius, caro e., Penelope's Sphere, etc. Vende también todo tipo de accesorios.

Kleine Hamburger Strasse 15, 10117 • 28 09 78 39 • www.konk-berlin.de • lu-vi 12.00-20.00, sa 12.00-18.00 • U8 Weinmeisterstrasse

39. EDELRAMSCH

'SOUVENIRS'

Es el lugar ideal para encontrar un regalo en el último minuto. Venden sobre todo postales y recuerdos baratos, pero Edelramsch ofrece también otros *gadgets* divertidos.

Oranienburger Strasse 16, 10178 • 27 59 63 8 •
www.edelramsch.de •
lu-ju 12.00-21.00, vi-sa 12.00-24.00, do 12.00-19.00 •
S-Bahn Oranienburger Strasse • tranvía M1

39.

41.

41.

40. ADDDRESS

MODA-CREADORES

Este es el local de una famosa diseñadora berlinesa. Andreea Vrajitoru presenta aquí colecciones de ropa de corte minimalista, desde el estilo deportivo a la pura elegancia. La diseñadora tiende a utilizar materiales de gran calidad. Mezcla lo clásico y lo moderno, y cuida los detalles. Después de haber conquistado Berlín, sus colecciones se venden ahora en Japón, en Hong-Kong y en varias capitales europeas.

Weinmeisterstrasse 12, 10179 •
28 87 33 65 • www.adddress.de •
lu-vi 12.00-19.00 •
U8 Weinmeisterstrasse

41. WOLFEN

MUY CHIC

MODA-CREADORES

Jacqueline Huste, arquitecta de formación, creó en el 2001 una marca a contracorriente de las tendencias. Su tienda, además, no está en Mulackstrasse, la calle de los creadores, sino en la calle de los galeristas. Huste ofrece artículos tricotados con lanas que va a buscar ella misma durante sus viajes alrededor del mundo. Los precios oscilan entre 65 € (fular) y 260 € (blusa). Muchos artículos son piezas únicas.

Auguststrasse 41, 10119 •
442 98 16 •
www.wolfengermany.com •
lu-vi 12.00-19.00, sa 12.00-18.00 •
U8 Rosenthaler Platz

MITTE – Unter den Linden

LA HISTORIA RECONSTRUIDA

El antiguo barrio abandonado del centro de Berlín ha recuperado sus colores. La gran avenida Unter den Linden, entre la puerta de Brandeburgo y Alexander Platz, está abarrotada de gente. Los museos han recuperado su esplendor y los hoteles su lujo de antaño. En este barrio de negocios y turístico, se están reconstruyendo fielmente los edificios destruidos durante la guerra. Sigue faltando el edificio más importante al final de la avenida: el castillo de los Hohenzollern, destruido por el régimen comunista en 1950. Debido a la falta de fondos, la reconstrucción del Berliner Stadtschloss se ve aplazada continuamente.

EPICENTROS

EL BARRIO DE LAS COMPRAS: Friedrichstrasse
EL BARRIO HISTÓRICO: la isla de los Museos
EL BARRIO CHIC: Gendarmenmarkt
EL BARRIO TURÍSTICO: la puerta de Brandeburgo

ESENCIALES

PUERTA DE BRANDEBURGO/⊙1: el símbolo de la reunificación alemana ha sido transformado en zona peatonal. Es un bonito paseo a última hora de la tarde, cuando el barrio ha recuperado la calma (véase p. 96).

ISLA DE LOS MUSEOS/⊙12: el conjunto agrupa cinco museos de gran calidad. Es un oasis de calma en el corazón de la ciudad (véase p. 100).

MEMORIAL DEL HOLOCAUSTO/⊙2: el arquitecto estadounidense Peter Eisenmann ha construido aquí un gigantesco desierto de estelas en recuerdo del Holocausto (véase p. 97).

CHECKPOINT CHARLIE/⊙8: el antiguo puesto fronterizo entre el Oeste y el Este para los extranjeros (y sus espías) se ha convertido en atracción turística (véase p. 99).

Confidencial

TERRAZA DEL HOTEL DE ROME/🍸26: sin rival para gozar de una vista impresionante sobre Berlín en un ambiente de lujo (véase p. 104).

EXPOSICIÓN SOBRE LA STASI/⊙11: en una hora se descubre la perversidad del sistema de vigilancia de la policía política de Alemania del Este (véase p. 100).

CANTINA DEL PARLAMENTO PRUSIANO/🍴16: se almuerza al lado de los diputados de Berlín en un edificio histórico. Y a un precio módico (véase p. 102).

DEUTSCHE GUGGENHEIM/⊙10: con un poco de suerte se acierta con una buena exposición en esta filial berlinesa de la Fundación Guggenheim (véase p. 99).

TADSHIKISCHE TEESTUBE/🍸30: en pleno corazón de Berlín, un salón de té oculto en un palacio medio abandonado (véase p. 105).

Am Weidendamm
Planckstr.
FRIEDRICHSTRASSE
Spree
Georgenstrasse
Reichstagufer
Neustädische Kirchstr.
FRIEDRICHSTRASSE
Dorothee
WILHELMSTRASSE
21
Charlotten-
Dorotheenstrasse
25
31
Dorotheenstr.
Mittelstrasse
23
33
24
UNT
UNTER DEN LINDEN
1
Pariser Platz
BRANDENBURGER TOR
N18
strasse
10
N35
Behrenstrasse
17
FRANZÖSICHE STRASSE
Glinkstrasse
BEHREN-STR.
Französichestrasse
32
20
2
WILHELMSTRASSE
19
7
Str.
Jägerstrasse
Hannah-Arendt-
34
N38
18
28
6
Taubenstrasse
STADTMITTE
EBERTSTRASSE
MOHRENSTRASSE
Mohrenstrasse
Kronenstrasse
Vosstrasse
5
Mauer
FRIEDRICHSTRASSE
STRASSE
Leipziger Platz
LEIPZIGER
Charlottenstrasse
POTSDAMER PLATZ
WILHELMSTRASSE
Strasse
STRESEMANNSTRASSE
11
16
8
Zimmerstrasse
Niederkirchnerstrasse
4
RU
3
27
KOCHSTRASSE
KOCHSTRASSE
200 m
Anhalterstrasse
ANHALTER BAHNHOF

HACKESCHER MARKT
S
12 MUSEUMINSEL
Kupfergraben
rasse
30
13
29
14
15
Karl-Liebknecht Strasse
Linden
Schlossplatz
Oberwallstrasse
Niederlagstr.
Rathausstrasse
Breitestrasse
Spree
6
ägerstrasse
22
Kurstrasse
SVOGTEI PLATZ
U
Hausvogtei Platz
Niederwallstrasse
Gertraudenstraße
Fischer-insel
Wallstrasse
Rosstrasse
Straße
pziger
U
SPITTELMARKT
Seydelstrasse
Grünstrasse
rausenstrasse
Neue
Schützenstrasse
Axel-Springer-Strasse
Zimmerstrasse
Alte Jakobstrasse
schke-Str.
Oranienstraße
Visitas
Comer
De copas
De compras
Salir (véase capítulo específico p. 181)

VISITAS

Los monumentos históricos son muy numerosos a lo largo de Unter den Linden, el bulevar que lleva a la puerta de Brandeburgo, símbolo de la libertad recuperada y de la reunificación alemana. La visita a pie incluye especialmente una parada en la isla de los Museos (el Prado berlinés), en la plaza de los Gendarmes (Gendarmenmarkt) y en el Memorial del Holocausto.

1. PUERTA DE BRANDEBURGO

Visita obligada en Berlín, la puerta de Brandeburgo es el símbolo de la Alemania reunificada. Este famoso arco de triunfo, inspirado en los propileos de la Acrópolis de Atenas, fue erigido por el arquitecto prusiano Carl Gotthard Langhans entre 1789 y 1791 para el rey Federico-Guillermo. Enfrente, en la plaza de París (Pariser Platz), han reconstruido fielmente numerosos edificios, como el hotel Adlon, que vuelve a alojar a celebridades de todo el mundo. Al sur de la plaza, los estadounidenses han reconstruido una embajada con tantos sistemas de seguridad que le han valido protestas.

S-Bahn Brandenburger Tor

2. MEMORIAL DEL HOLOCAUSTO

EL memorial de los judíos asesinados en Europa fue reconstruido por los alemanes en recuerdo de los seis millones de judíos muertos en los campos de concentración. Se ha convertido en uno de los lugares más visitados de la capital. Este bosque de estelas, entre las que se puede pasear, ha sido diseñado por el estadounidense Peter Eisenmann. En la actualidad los homosexuales asesinados por los nazis tienen también un memorial cerca del Reichstag. Ha sido construido otro en homenaje a los gitanos y una placa conmemorativa recuerda desde hace poco el destino de los discapacitados mentales bajo el régimen hitleriano.

→ ***Darse un paseo por la mañana temprano, cuando el lugar todavía está tranquilo.***

Denkmal für die ermordeten Juden Europas • Cora-Berlinerstrasse 1, 10117 • 26 39 43 36 • www.stiftung-denkmal.de • memorial 24 h, centro de información (oct-mar) ma-do 10.00-19.00, (abr-sep) 10.00-20.00 • **acceso libre** • S-Bahn Brandenburger Tor

3. MARTIN-GROPIUS-BAU

Este antiguo Museo de Artes Decorativas, cuyo edificio fue acabado en 1881, acoge en la actualidad las exposiciones más prestigiosas de la capital en todos los ámbitos (de la foto al arte contemporáneo, pasando por las retrospectivas). Declarado monumento histórico en 1966, el Martin-Gropius-Bau pasó 28 años a la sombra del Muro, justo bajo sus narices.

Niederkirchnerstrasse 7, 10963 • 25 48 60 • www. berlinerfestspiele.de • lu-do excepto ma 10.00-20.00 • **adultos/reducida 10/8 €** • U2 Potsdamer Platz • S-Bahn Anhalter Bahnhof

4. TOPOGRAPHIE DES TERRORS

GRATIS

Situado entre el Museo Judío y el Memorial del Holocausto, el Centro de Documentación sobre el Terror Nazi se construyó sobre la antigua sede de la Gestapo. La exposición sobre la reintegración de los criminales nazis en la sociedad alemana después de la guerra es especialmente instructiva.

Niederkirchnerstrasse 8, 10963 • 25 45 09 50 • www.topographie.de • lu-do 10.00-20.00 • **entrada libre** • U2 Potsdamer Platz o U6 Kochstrasse • S-Bahn Anhalter Bahnhof o Potsdamer Platz

5. WILHELMSTRASSE

En la antigua calle de los ministerios del III Reich y de la cancillería de Hitler quedan pocos edificios nazis. Su tamaño es impresionante. Hay que detenerse especialmente frente al Ministerio de Hacienda, en la esquina de Leipzigerstrasse, totalmente restaurado, que fue la sede de Hermann Göring (Ministerio del Aire). El edificio también albergó la oficina de privatización de la RDA, encargada de vender los bienes del Estado comunista.

U2 Mohrenstrasse

6. BÚNKER DEL FÜHRER

¡Ya no existe! No obstante, el interés creciente de los turistas desde el estreno de la película *El hundimiento* ha acabado por convencer al alcalde para poner un panel informativo. Dinamitado por los soviéticos en 1947, el búnker de Hitler fue arrasado en 1988 para construir edificios nuevos. En la actualidad no queda nada de él. Se trataba sobre todo de desmitificar el lugar. Corrían rumores que afirmaban que un túnel unía este lugar con el aeropuerto de Tempelhof, situado a varios kilómetros al sur.

Se puede ver al Fhürer en el Museo de Madame Tussaud (Unter den Linden 74; lu-do 10.00-18.00; entrada 19 €; S-Bahn Brandeburger Tor).

In den Ministergärten esq. Gertrud-Kolmar Strasse • U2 Mohrenstrasse

7. GENDARMENMARKT

Está considerada como la plaza más hermosa de la ciudad. Es también un buen ejemplo de arquitectura neoclásica de Berlín. Las dos iglesias gemelas (francesa y alemana) fueron erigidas para los refugiados franceses protestantes después de la revocación del edicto de Nantes. En el centro se alza el antiguo Teatro Nacional, Schauspielhaus, uno de los edificios más hermosos construidos por el arquitecto Karl Friedrich Schinkel, convertido en la actualidad en el Konzerthaus, una sala de conciertos muy apreciada, símbolo de la cultura berlinesa.

Al norte de la plaza, la Französischer Dom, la iglesia francesa de Berlín, alberga una exposición permanente dedicada a la historia de los refugiados franceses, los hugonotes (ma-sa 12.00-17.00, do 11.00-17.00; entrada 5€).

U2 Stadtmitte

8. BEBELPLATZ

Es tristemente famosa por ser el lugar en que se cometió el primer auto de fe nazi. El 10 de mayo de 1933, siguiendo las consignas de Goebbels, unos estudiantes lanzaron al fuego 20 000 obras consideradas escritas por autores "no alemanes", como Albert Einstein, Sigmund Freud, Heinrich Heine, Franz Kafka, Karl Marx, Erich Maria Remarque, Stefan Zweig o Bertolt Brecht. En medio de la gran plaza, frente a la Universidad Humboldt, un memorial construido bajo tierra por el artista israelí Micha Ullman recuerda este acto bárbaro.

Al sur de la plaza se encuentra la catedral católica de Santa Eduvigis (Sankt-Edwige-Kathedrale).

U2 Hausvogteiplatz

9. CHECKPOINT CHARLIE

Fue aquí donde los carros americanos y soviéticos estaban cara a cara en el apogeo de la guerra fría. El antiguo puesto fronterizo para los extranjeros se ha transformado en una gran atracción turística. Miles de visitantes acuden aquí para fotografiarse (1 €) al lado de estudiantes disfrazados de policías de la RDA (llamados antaño "vopos"), cerca de la réplica del famoso cartel "Está usted saliendo del sector americano". Como recuerdo del pasado, Berlín ha erigido un gran panel con las fotos de un soldado americano en el lado norte y uno soviético en el lado sur.

El museo situado en la salida del metro presenta las más espectaculares tentativas de evasión de la RDA y vende "souvenirs del Muro" a los turistas (Mauermuseum, Haus am Checkpoint Charlie; Friedriechstrasse 43-45, 10969; www.mauermuseum.de; lu-do 9.00-22.00; adultos/-10 años 12,50/5,50 €). Para una explicación más histórica hay que elegir el Memorial del Muro de Berlín (véase p. 45), mejor documentado.

Friedrichstrasse esq. Zimmerstrasse • U6 Kochstrasse

10. DEUTSCHE GUGGENHEIM

La filial berlinesa de la Fundación Guggenheim está instalada en el Deutsche Bank, el primer establecimiento financiero privado alemán. Los dos socios ofrecen unas cuatro exposiciones anuales de gran calidad. Se pudieron ver, especialmente, las obras del alemán Gerhard Richter, del pintor ruso Kasimir Malevitch y también del artista estadounidense Jeff Koons.

Gratuito los lunes y visita guiada gratuita lu-do a partir de las 18.00.

Unter den Linden 13/15, 10117 • 20 20 930 •
www.deutsche-guggenheim.de • lu-do 10.00- 20.00,
ju 10.00-22.00 • **adultos/reducida 4/3 €** •
U2 Stadtmitte o Französische Strasse

11. EXPOSICIÓN SOBRE LA STASI GRATIS

El centro de documentación del Gobierno alemán nos ilustra, a través de las exposiciones temporales, sobre los métodos de la policía política de Alemania del Este para espiar a sus ciudadanos. Se encuentran allí las “herramientas” de la Stasi y de sus “chivatos”, desde los micros hasta los uniformes, pasando por frascos que contenían fragmentos de tejidos impregnados con los “olores” de personas sospechosas.

No confundir con el Museo de la Stasi, el Stasimuseum ***(p. 173)******, en Friedrichshain.***

Informations und Dokumentationszentrum der BStU • Zimmerstrasse 90/91, 10117 • 23 24 79 51 • lu-sa 10.00-18.00 • **entrada libre** • U6 Kochstrasse

12. ISLA DE LOS MUSEOS – MUSEUMINSEL

La isla de los Museos es un poco como el Prado de Berlín. Se trata de cinco museos construidos entre 1824 y 1930 en una isla del Spree. La restauración completa de este conjunto comenzó en 1997 y debe acabarse en el 2015. El **Museo de Pérgamo (Pergamon Museum)** es el más prestigioso de ellos. Está dedicado en gran parte a la Antigüedad, al arte oriental y al arte islámico. El **Bode Museum** reabrió en el 2006 y reúne las colecciones de escultura (desde la Edad Media al s. XVIII) y de arte bizantino. El **Museo Antiguo (Altes Museum),** que comprende una preciosa colección de objetos antiguos, está considerado como la obra maestra del famoso arquitecto prusiano Karl Friedrich Schinkel. Acabado en 1830, es el museo más antiguo de la capital. Tuvo tanto éxito, que Berlín abrió un **Museo Nuevo (Neues Museum)** en 1859. Muy dañado durante la guerra, había sido abandonado hasta la década de 1980. Presenta en la actualidad las colecciones egipcias. En cuanto a la **Antigua Galería Nacional (Alte Nationalgalerie),** alberga una de las colecciones más importantes de pintura del s. XIX. Se encuentran allí obras de Édouard Manet, de Claude Monet, de Auguste Renoir y de Auguste Rodin.

Museuminsel • 20 90 55 77 • www.smb.spk-berlin.de • lu-do 10.00-18.00 • **museo 8 € (Neues Museum 10 €), billete combinado 5 museos 14 €, exposiciones temporales a tarifas específicas** • S-Bahn Hackescher Markt

13. CATEDRAL DE BERLÍN

El emperador Guillermo II hizo construir al arquitecto alemán Julius Carl Raschdorff este edificio monumental para la Iglesia luterana entre 1894 y 1905. Muy dañada por los bombardeos de la Segunda Guerra Mundial, la catedral (Berliner Dom) fue restaurada a partir de 1975 y no fue abierta de nuevo hasta 1993. Los berlineses acuden allí en masa para la misa del Gallo. En la cripta se pueden ver los sarcófagos de la dinastía de los Hohenzollern.

*****Los más temerarios pueden subir la escalera y sus 270 escalones para llegar a la cúpula. La vista sobre Berlín es impresionante.*****

Berliner Dom • Am Lustgarten, 10178 • 20 26 91 36 • www.berlinerdom.de • lu-sa 9.00-20.00, do 12.00-20.00, hasta 19.00 oct-mar • **adultos/reducida/-14 años 5/3 €/gratis, con audioguía (también en español) 8/6 €/gratis** • S-Bahn Hackescher Markt • autobús TXL

14. NEUE WACHE

La "Nueva Guardia" albergaba antaño a la Guardia Real. Bajo el régimen comunista, había sido trasformada en monumento dedicado a la memoria de las víctimas del "fascismo y el militarismo". En la época de la RDA, los turistas acudían allí para fotografiar el relevo de la guardia. El memorial ha sido rebautizado después de la reunificación por el antiguo canciller Helmut Kohl. En la actualidad está dedicado a las "víctimas de la guerra y la tiranía".

*****En el patio interior se yergue la estatua de un soldado muerto en brazos de su madre, obra de Käthe Kollwitz.*****

Unter den Linden 4, 10117 • lu-do 10.00-18.00 • **entrada libre** • S-Bahn Hackescher Markt • autobús TXL, 100, 200

15. MUSEO DE LA HISTORIA ALEMANA

Instalado en el antiguo arsenal en el que los prusianos habían depositado más de 50 000 cañones y fusiles (el "Zeughaus"), el museo recrea 2000 años de historia alemana de una manera muy convencional, con unos 8000 objetos presentados sobre 7500 m². Las exposiciones temporales tienen lugar en el edificio anexo construido en cristal por el famoso arquitecto japonés Ieoh Ming Pei.

*****Los visitantes pueden consultar el correo electrónico en el sótano del IM Pei Bau.*****

Deutsches Historisches Museum • Unter den Linden 2, 10117 • 20 30 40 • www.dhm.de • lu-do 10.00-18.00 • **adultos/-18 años 6 €/gratis** • S-Bahn Hackescher Markt • autobús TXL, 100, 200

COMER

16. PARLEMENTO PRUSIANO

MUY CHEAP

CANTINA

La cantina del Parlamento regional prusiano, fue elegida mejor cantina de Berlín varios años seguidos. Está abierta al público en general a partir de las 13.00 (se entra sin pedir permiso, está a la derecha del gran vestíbulo) y ofrece, en autoservicio, platos variados, copiosos y sin pretensiones por menos de 8 €; (hay dos precios, uno para los diputados y el burgomaestre (alcalde), el otro para los "invitados".

Se puede ir después de una visita al Gropius Bau (véase p. 97), justo enfrente.

Niederkirchnerstrasse 5, 10117 • 23250 • www.parlament-berlin.de • lu-vi 13.00-15.00 • U2 Potsdamer Platz • S-Bahn Anhalter Bahnhof

18. GALERIES LAFAYETTE

BISTRÓ FRANCÉS

Los *gourmets* y los amantes de la cocina francesa se darán cita en el sótano de las Galeries de Berlín, para degustar todo tipo de maravillas culinarias: ostras y champán, tabla de quesos y borgoña, sopa de pescado y copa de vino blanco... A los alemanes les encanta. Es chic.

Hay que vigilar con pasarse pidiendo porque la cuenta puede ser de espanto.

Friedrichstrasse 76-78, 10117 • 20 94 80 •www.galerieslafayette.de • lu-sa 10.00-20.00 • U2, U6 Stadtmitte o U6 Französische Strasse

17. BORCHARDT

MUY CHIC

FRANCO-ALEMÁN

Es el local más chic del barrio. No es el más barato, claro (platos 8-58 €), pero la cocina es muy correcta. El estilo es muy parisino, con techos altos y grandes pilares de mármol. Este era el refugio del antiguo canciller Schröder y de su ministro de Asuntos Exteriores, el ecologista Joschka Fischer. Todavía se puede ver allí al todo Berlín. Se paga, pues, el espectáculo. Cuestión de gustos.

Französische Strasse 47, 10117 • 81 88 62 62 • www.borchardt-catering.de • lu-do a partir de 11.30 • U2, U6 Stadtmitte o U6 Französische Strasse

19. MALATESTA

ITALIANO

Un restaurante ideal para un almuerzo tranquilo; por la noche el barrio está menos animado. Aquí uno encuentra a los directivos y a la gente de los medios de comunicación y de la cultura. La cocina es correcta, variada y a precios asequibles (pastas y pescados excelentes). Se puede elegir entre los menús (10-17,50 €).

Charlottenstrasse 59, 10117 • 20 94 50 71 • www.ristorante-malatesta.de • lu-do 12.00-1.00 • U2, U6 Stadtmitte o U6 Französische Strasse

20. VAPIANO

COMIDA RÁPIDA ITALIANA

Uno de los tres restaurantes de esta cadena alemana de comida rápida de especialidades italianas está situado en Unter den Linden, en el pasaje comercial que lleva a Mittelstrasse. Así, se puede degustar con toda tranquilidad un platillo italiano de calidad (pastas, *pizzas,* ensaladas 2,50-8,50 €) a salvo del jaleo turístico de la gran arteria que lleva a la puerta de Brandeburgo.

Mittelstrasse 51, 10117 • 50 15 41 00 • www.vapiano.com • lu-sa 11.00-24.00, do 11.00-23.00 • Ⓤ6 o Ⓢ-Bahn Friedrichstrasse

22. SUPPENBÖRSE

'SNACK'

En la Suppenbörse ("bolsa de las sopas"), uno se cruza sobre todo con la gente apresurada de la estación de Frieddrichstrasse. Se comen muy buenas sopas de todos los horizontes (francesas, africanas, chinas...) a precios razonables (grande/pequeña 4,70 /menos de 3 €). Ideal para un almuerzo rápido. También tienen postres (arroz con leche excelente) y zumos de fruta.

Dorotheenstrasse 43, 10117 • 20 64 95 98 • www.suppenboerse.de • lu-vi 11.00-18.00, sa 12.00-18.00 • Ⓤ6 o Ⓢ-Bahn Friedrichstrasse

21. AIGNER

AUSTRÍACO-ALEMÁN

Situado en una esquina de la plaza Gedarmenmarkt, Aigner ofrece una cocina austríaca y alemana muy variada, en un ambiente muy vienés, con su mobiliario Jugendstil. Se recomiendan las escalopas vienesas, el *Tafelpitz*, austríaco (especie de cocido a base de ternera), o el pato de Brandeburgo (Bauernente). Principales 18-42 €.

Französische Strasse 25, 10117 • 203 75 18 50 • www.aigner-gendarmenmarkt.de • lu-do 12.00-2.00 (servicio hasta 23.30) • Ⓤ6 Französische Strasse

23. CHIPPS

MUY CHIC

COCINA A LA ÚLTIMA

El eslogan lo deja claro: *serious eating*, que podría traducirse como "poca broma con la comida". Los fundadores de uno de los locales nocturnos más famosos de Berlín (Cookie) han creado este restaurante, en el nuevo estilo de Berlín Este: todo es bonito, todo está limpio. Situado al lado del Ministerio de Asuntos Exteriores, el Chipps ofrece platos que compone cada cual. Uno elige la carne o el pescado y los ingredientes que los acompañan. Excelente relación calidad-precio.

A mediodía, el menú cuesta 8,50 € de 11.00 a 16.00 (entrante y plato vegetariano)

Jägerstrasse 35, 10117 • 24 78 10 24 • www.chipps.eu • lu-vi a partir de 8.00, sa-do 11.00-sin hora fija • Ⓤ2 Hausvogteiplatz

DE COPAS...

26.

24. CAFÉ EINSTEIN

CAFÉ-RESTAURANTE

Este café-restaurante del bulevar Unter den Linden es elegante y agradable con sus banquetas corridas de cuero, sus espejos y sus lámparas en forma de farol. Algunas personalidades han dejado su firma en el libro de oro. Se puede recomendar un café (2,60 €) con un *apfelstrudel,* el pastel tradicional austríaco, pero también la degustación de una escalopa vienesa. Precios orientativos: copa de vino a partir de 3,20 €, cerveza (30 cl) 3,30 €.

Lo mejor es ir con buen tiempo, para sentarse en la terraza.

Unter den Linden 42, 10117 • 204 36 32 • www.einsteinudl.com • lu-do 7.00-24.00 • S-Bahn Brandenburger Tor

25. WINDHORST

COCTELERÍA

No era fácil abrir un bar en este barrio de negocios. Además, la entrada no es muy visible. Sin el pequeño letrero iluminado "Bar", uno podría pasar de largo por delante. El propietario ha dado su nombre a este local acogedor. Günter Windhorst en persona suele estar detrás de la barra para preparar nuevas creaciones.

Los cócteles se sirven con tapas.

Dorotheenstrasse 65, 10117 • 20 45 00 70 • lu-vi a partir de 18.00, sa a partir de 21.00 • U6 o S-Bahn Friedrichstrasse o S-Bahn Brandenburger Tor • tranvía M1, 12

26. HOTEL DE ROME

MUY CHIC

TERRAZA EN LA AZOTEA

El café cuesta 5 €... pero estamos en uno de los hoteles más lujosos y más chic de Berlín. El precio no es excesivo si se tiene en cuenta la vista desde la azotea del Hotel de Rome. El lugar da a la Bebelplatz, la Ópera y la Universidad Humboldt. Cuidado con el champán: ¡la botella de Moët & Chandon cuesta más de 300 €!

Pregúntese en recepción por el acceso a la terraza; es necesario un pase para subir en ascensor.

Hotel de Rome, Behrenstrasse 37, 10117 • 460 60 90 • www.hotelderome.com • lu-do 10.00-sin hora fija • S-Bahn Hackescher Markt • U2 Hausvogteiplatz

24.

7.

28.

27. JOURNAL TAZ

MUY CHEAP

CAFÉ-'SNACK'

El café del diario alternativo alemán está instalado bajo las oficinas de la redacción. Está frecuentado sobre todo por periodistas después del cierre y por ecologistas del mundo político. Uno puede encontrarse con una conferencia improvisada. También se puede almorzar.

Rudi-Dutschke-Strasse 23, 10969 • 25 90 21 64 • www.taz.de/zeitung/tazcafe • lu-vi 8.00-20.00 • Ⓤ6 Kochstrasse 28.

29. CAFE IM ZEUGHAUS

SALÓN DE TÉ

Instalado en el edificio del Museo de la Historia Alemana, con vistas sobre el Lustgarten, el Berliner Dom y la torre de la Televisión, es el lugar ideal para disfrutar de repostería alemana en una atmósfera histórica, a un precio razonable. Servicio impecable.

Unter den Linden 2, 10117 • 20 64 27 44 • www.dhm.de • lu-do 10.00-18.00 • Ⓢ-Bahn Hackescher Markt • Ⓤ2 Hausvogteiplatz

28. NEWTON BAR

MUY CHIC

BAR A LA ÚLTIMA

Se trata de un bar con mucho estilo, decorado con desnudos de Helmut Newton. Uno se sienta en amplios sofás de cuero rojo. Es un lugar en el que la gente se exhibe entrada la noche. Excelentes cócteles caribeños.

Amplio surtido de cigarros.

Charlottenstrasse 57, 10117 • 20 29 54 21 • www.newton-bar.de • lu-do 10.00-3.00, ju sa hasta 4.00 • Ⓤ2 Stadtmitte o Französische Strasse

30. TADSHIKISCHE TEESTUBE

SALÓN DE TÉ TAYIKO

Es uno de los lugares secretos de Berlín. En el palacio Am Festungsgraben, se toma la gran escalinata y se gira a la izquierda en el primer piso (no es necesario preguntar al portero). La decoración, sin cambios casi desde hace 40 años, es la del estand del Tayikistán en el salón de Leipzig, obsequiado a la RDA en 1970. También se pueden degustar especialidades rusas.

Hay que sacarse los zapatos en la entrada.

Palais Am Festungsgraben 1, 10117 • 204 11 12 • lu a partir de 21.00, ma-vi 17.00-24.00, sa-do 15.00-24.00 • Ⓢ-Bahn Hackescher Markt

31. DUSSMANN

CULTURA

Es la gran tienda de discos y de libros de la capital, abierta hasta las 24.00, y la más grande de Alemania con sus 7000 m² de superficie de venta. Cerca de la estación de Friederichstrasse, ofrece una sección de CD clásicos en el sótano, único en Europa. Se puede escuchar en los terminales y los vendedores son muy competentes. También cuenta con una sección de papelería y otra de partituras.

→ ***Hay que ir al último piso para ver la calle desde las grandes vidrieras.***

Friedrichstrasse 90, 10117 • 20 25 11 11 • www.kulturkaufhaus.de • lu-sa 10.00-24.00 •
U6 o S-Bahn Friedrichstrasse

DE COMPRAS

32.

32. ACH BERLIN

'SOUVENIRS'

¡También hay tiendas de *souvenirs* de calidad! "Ach Berlin" (que podría traducirse por "¡Vaya con Berlin!") es una de ellas. Se encuentra en la plaza Gendarmenmarkt y ofrece en dos plantas cientos de objetos con la imagen de Berlín y todos los precios. La mayoría de estos productos están concebidos por diseñadores berlineses. Ideal para un regalo de última hora.

Markgrafenstrasse 39, 10117 • 92 12 68 80 • www.achberlin.de • lu-sa 11.00-19.00 •
U2, U6 Stadtmitte

33. BERLIN STORY

LIBRERÍA ESPECIALIZADA

Situada en el gran bulevar Unter den Linden, esta gran librería especializada en Berlín ofrece también una gran variedad de *souvenirs* de calidad. Tiene más de 2500 obras catalogadas que tratan exclusivamente de la ciudad.

→ ***Algunas obras están editadas en varias lenguas, entre ellas el español.***

Unter den Linden 26, 10117 • 20 45 38 42 • www.berlinstory.de • lu-do 10.00-20.00 • U6 o S-Bahn Friedrichstrasse

32.

33.

34. QUARTIER 206

MUY CHIC

GRANDES ALMACENES

Después del Quartier 205, que concentra las grandes marcas de moda y de cosmética, se pasa a un nivel superior en el Quartier 206 y su atmósfera sosegada. Aquí solo se encuentran marcas de lujo (Chloé, Dior, DKNY, Giorgio Armani, Marc Jacobs, Ralph Lauren).

→ ***El Quartier 205 está justo al lado (Friedrichstrasse 67-70; 263 96 49 25; www.q205.com; lu-sa 10.00-20.00).***

Friedrichstrasse 71, 10117 • 20 94 68 00 • www.departmentstore-quartier206.com • lu-vi 11.00-20.00, sa 10.00-18.00 • U2, U6 Stadtmitte o U6 Französische Strasse

Tiergarten

EN EL CENTRO DEL PODER

Situado antaño a lo largo del Muro, el barrio era el de los cafés de desesperados, de talleres de coches y de campamentos de *hippies*. Wim Wenders había resumido la atmósfera muy bien en su película *Las alas del deseo*: uno no sabía dónde estaba en aquella ciudad destruida y dividida. En la actualidad todo ha cambiado. El Tiergarten alberga, al norte, el corazón del poder político, la sede del Gobierno de la primera potencia económica europea. Al sur, las embajadas y un nuevo barrio *high-tech*, surgido de la nada en la tierra de nadie del Muro: Potsdamer Platz.

EPICENTROS

EL BARRIO DE LOS NEGOCIOS Y LA CULTURA: alrededor de Potsdamer Platz
EL BARRIO DEL PODER: alrededor del Reichstag
EL BARRIO HISTÓRICO: a lo largo de la av. del 17 de Junio

ESENCIALES

REICHSTAG/⊙1: sede de la Asamblea Federal (Bundestag), ha sido reconstruido. Le ha sido añadida una gigantesca cúpula de cristal, accesible al público (véase p. 112).
POTSDAMER PLATZ/⊙9: el nuevo barrio de Berlín surgido de la nada en la década de 1990, es una extraña confluencia del mundo de los negocios y el de la cultura (véase p. 114).
AVENIDA DEL 17 DE JUNIO/⊙6: el eje de comunicaciones que fue ampliado por el arquitecto de Adolf Hitler, Albert Speer, da la medida de esta ciudad, ocho veces mayor que Barcelona ciudad (véase p. 113).

Confidencial

CEMENTERIO DE LOS INVÁLIDOS/⊙5: perdido detrás de la Estación Central, el Invalidenfriedhof es un concentrado de historia por sí mismo, con sus generales prusianos y sus restos del Muro (véase p. 113).
PHILHARMONIE/⊙12: no es tan caro ni tan difícil encontrar sitio en esta sala legendaria (véase p. 115).
TIERGARTEN/⊙7: nada mejor que un gran paseo por este maravilloso parque lleno de sorpresas con su Café am Neuen See (véase p. 114).
HAMBURGER BAHNHOF/⊙4: este hermoso museo instalado en la antigua estación de Hamburgo sabría convencer incluso a los más reticentes al arte moderno (véase p. 113).

TURMSTRASSE
Alt-Moabit
Rathenowerstr.
Stromstr.
Thomasiusstr.
Calvinstrasse
Spenerstrasse
Paulstrasse
Lüneburg
Lessing Str.
29
BELLEVUE
Bartningallee
HANSAPLATZ
Altonaer Strasse
Bachstrasse
Klopstockstr.
Spreeweg
33
TIERGARTEN
32
Strasse des 17. Juni
6
Müller-Breslau Str.
26
Grosser Weg
18
Hofjägerallee
Große Sternallee
Tiergarten
Stülerstr.
Klingelhöferstr.
Köbisstr.
Budapester Str.
Wichmannstr.
Lützowufer
Lützowstrass
Lützow-platz
31
N7
Kurfürsten Strasse
24
Visitas
Comer
De copas
De compras
Salir (véase capítulo específico p. 181)

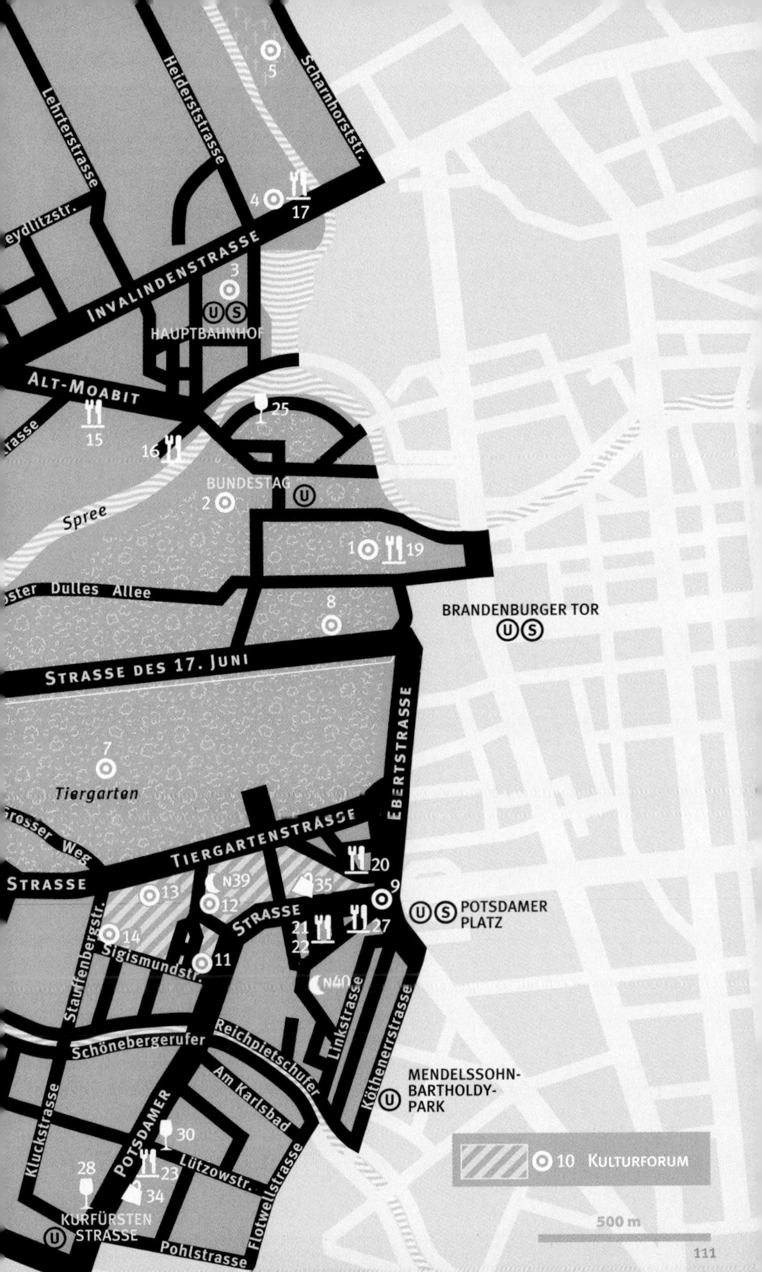
Lehrterstrasse
Heiderststrasse
Scharnhorststr.
eydlitzstr.
Invalindenstrasse
Hauptbahnhof
Alt-Moabit
rasse
Spree
Bundestag
oster Dulles Allee
Brandenburger Tor
Strasse des 17. Juni
Ebertstrasse
Tiergarten
Grosser Weg
Tiergartenstrasse
Strasse
Stauffenbergstr.
Sigismundstr.
Strasse
Potsdamer Platz
Linkstrasse
Köthenerrstrasse
Schönebergerufer
Reichpietschufer
Am Karlsbad
Mendelssohn-Bartholdy-Park
Kluckstrasse
Potsdamer
Lützowstr.
Flotwellstrasse
Kurfürstenstrasse
Pohlstrasse
10 Kulturforum
500 m

VISITAS

Un paseo refrescante por el gran parque del Tiergarten sigue siendo inolvidable. El parque permite acceder al barrio gubernamental al norte, con la cancillería, el Reichstag y la nueva Estación Central. Hacia el sur, se llega al nuevo barrio de Potsdamer Platz, la Philharmonie y las embajadas.

GRATIS

1. REICHSTAG

Restaurado por el arquitecto británico Norman Foster, que lo remató con una espectacular cúpula de cristal, el Reichstag es uno de los monumentos más apreciados de la capital. Incendiado en 1933 en circunstancias nunca esclarecidas, embalado por el artista Christo en 1995 (un gran acontecimiento), en la actualidad alberga el Bundestag (Asamblea Federal). Del Reichstag solo está autorizada la visita de la cúpula y del techo-azotea (restaurante panorámico; véase p. 118), a los que se accede por un ascensor.

→ *Hay que ir por la mañana o después de las 22.00 para evitar las colas de espera que pueden durar más de una hora. Tienen preferencia las mujeres embarazadas y las personas con movilidad reducida. También se ofrecen visitas guiadas previa inscripción (22 73 00 27).*

Platz der Republik 1, 11011 • 227 32 152 o 227 35 908 • www.bundestag.de • lu-do 8.00-24.00 (última admisión 22.00) • **entrada libre** • Ⓤ55 Bundestag

2. CANCILLERÍA

Situada frente al Reichstag, la Cancillería (sede del despacho de Angela Merkel) fue diseñada por el arquitecto berlinés Axel Schultes e inaugurada el 2 mayo del 2001 por el ex canciller Gerhard Schröder. Llamada la “lavadora” por sus grandes ojos de buey, está integrada en un conjunto de edificios federales que se extienden a lo largo del Spree. Al noroeste se encuentra la embajada suiza, el único edificio de este barrio que sobrevivió a los bombardeos. En su momento, Helmut Kohl había intentado echar a los suizos de su representación, ya que su edificio y su bandera eran demasiado visibles al lado de la Cancillería.

→ *Cerrada al público. Hermosa vista de conjunto desde el puente Molkebrücke o desde la orilla norte del Spree, con la Estación Central al norte.*

Bundeskanzleramt • Willy Brandt Strasse 1, 10557 • Ⓤ55 Bundestag

3. HAUPTBAHNHOF – ESTACIÓN CENTRAL

Esta gigantesca catedral de cristal y de acero está construida en medio del desierto. Mientras espera que se realicen los proyectos inmobiliarios de alrededor, da la sensación todavía de estar en pleno campo. Inaugurada con gran pompa en el 2006, antes de la copa del mundo de fútbol, la Estación Central acoge a más de 300 000 viajeros diarios. Fue la última gran obra de la reunificación en Berlín.

S-Bahn Hauptbahnhof

4. HAMBURGER BAHNHOF – MUSEO

Esta estación, construida en 1847 para ir a Hamburgo, fue transformada en Museo de Arte Contemporáneo en 1996. Las exposiciones están dedicadas sobre todo a las artes plásticas, al diseño, a la música y al vídeo. Un ala entera acoge, entre otras, la colección del empresario Erich Marx, con obras de Joseph Beuys y de Andy Warhol. Por la noche, el museo se localiza de lejos gracias a una iluminación exterior de neones de colores.

Los jueves entrada gratuita a partir de 14.00.

Hamburger Bahnhof – Museum für Gegenwart • Invalidenstrasse 50-51, 10557 • 3978 3411 • www.hamburgerbahnhof.de • ma-vi 10.00-18.00, sa 11.00-20.00, do 11.00-18.00 • adultos/reducida/-16 años 12/8 €/gratis • S-Bahn Hauptbahnhof

5. CEMENTERIO DE LOS INVÁLIDOS

Algo apartado del centro, el Invalidenfriedhof es uno de los lugares más interesantes de Berlín. Reúne él solo los grandes capítulos de la historia de la ciudad. Hay allí tumbas de generales prusianos, pero también algunos restos del Muro. Algunos paneles de la parte Este (más pequeños) todavía son visibles. Hay que fijarse en la vista sobre el antiguo puerto industrial, un gigantesco descampado detrás de la Estación Central a la espera de nuevas construcciones.

Invalidenfriedhof • Scharnhorststrasse 33, 10115 • lu-do 7.00-21.30 (7.00-18.30 oct-15 mar) • S-Bahn Hauptbahnhof

6. AVENIDA DEL 17 DE JUNIO

Ampliada por el arquitecto nazi Albert Speer, la av. del 17 de Junio (Strasse des 17. Juni) corta el gran parque del Tiergarten de este a oeste. El mayor desfile de música *techno*, la Love Parade, se celebraba antaño en esta avenida. En medio se encuentra la columna de la Victoria (Siegessäule), que conmemora las victorias contra los ejércitos daneses (1864), austríacos (1866) y franceses (1870-1871).

Subir los 285 escalones de la columna de la Victoria; desde sus 55 m, la vista sobre el Tiergarten y el eje de la avenida es magnífica.

Siegessäule: lu-vi 10.00-17.00, sa-do 10.00-17.30 (lu-vi 9.30-18.00, sa-do 9.30-19.00 abr-oct) • adultos/reducida 2,50/1,50 € • U9 Hansaplatz • S-Bahn Bellevue

7. TIERGARTEN

Se impone un gran paseo –a pie o en bicicleta– por este maravilloso parque que se extiende sobre 3 km de longitud en pleno centro urbano. A veces uno queda sorprendido por una naturaleza exuberante, con sus lagos y sus jardines floridos, y otras por sus monumentos históricos, como el castillo de Bellevue (residencia del canciller federal alemán; cerrado al público), un palacio neoclásico que data de 1875. Hay que dejarse guiar por el instinto, en este antiguo coto de caza del s. XVII.

Múltiples accesos Ⓢ-Bahn Brandenburger Tor, Bellevue, Tiergarten o Potsdamer Platz

8. MEMORIAL SOVIÉTICO

GRATIS

Situado en la antigua parte oeste de la ciudad, es el más conocido de los tres memoriales soviéticos de la capital. Construido con los bloques de mármol de la cancillería de Hitler por trabajadores forzados alemanes, abrió sus puertas el 11 de noviembre de 1945. Aquí reposan 2000 soldados del Ejército Rojo. Los dos carros T34 expuestos fueron los primeros que liberaron la capital y los dos cañones, los últimos que dispararon sobre Berlín.

→ *Si el memorial está en excelente estado es porque Alemania se comprometió en 1992 a restaurar a su cargo todos los monumentos soviéticos en su territorio. Acceso permanente y gratuito.*

Sowjetisches Ehrenmal • Strasse des 17. Juni, 10623 • Ⓢ-Bahn Brandenburger Tor

9. POTSDAMER PLATZ

La creación de este nuevo barrio de negocios, situado en parte sobre la antigua frontera, ha sido la gran atracción de la ciudad durante años. Diseñado por los mejores arquitectos del planeta (entre ellos el italiano Renzo Piano, con la Debis-Haus en el llamado Quartier Daimler), la Potsdamer Platz es en la actualidad un centro de negocios, de comercio y de turismo, en cierto modo como había sido en la década de 1920. La Berlinale se desarrolla cada año en el barrio, en el Berlinale Palast, en la plaza de Marlene Dietrich.

→ *El capitel luminoso del Sony Center (véase p. 123, diseñado por el estadounidense Helmut Jahn, es uno de los símbolos del "nuevo Berlín".*

Ⓤ2 o Ⓢ-Bahn Potsdamer Platz

10. KULTURFORUM

Nació de la voluntad de Berlín Oeste de crear un lugar emblemático de la cultura justo frente al Muro. Este complejo arquitectónico alberga una serie de edificios culturales, entre ellos la **Philharmonie**, la **Gemälde Galerie** (pinacoteca), la **Neue Nationalgalerie** (arte moderno del s. XX) y el **Kunstgewerbemuseum** (artes decorativas), los cuatro proyectados a posteriori. El conjunto linda en la actualidad con Potsdamer Platz.

→ *La mayoría de los establecimientos culturales del Kulturforum estén cerrados los lu.*

www.kulturforum-berlin.com • ma-vi 10.00-18.00, ju hasta 22.00, sa-do 11.00-18.00 • adultos/reducida 8/4 € • Ⓤ2 o Ⓢ-Bahn Potsdamer Platz

11. NEUE NATIONALGALERIE

Abierto en 1968, este edificio luminoso es una obra maestra arquitectónica realizada por Ludwig Mies van der Rohe, director de la Bauhaus entre 1930 y 1933. La Neue Nationalgalerie alberga hoy día exposiciones temporales de nivel internacional. En el sótano, la muestra permanente reúne obras expresionistas (Edvard Munch), surrealistas (Joan Miró, Salvador Dalí, Max Ernst...) o cubistas (Pablo Picasso, Juan Gris).

También dispone de una excelente tienda de souvenirs-librería y un café.

Potsdamer Strasse 50, 10785 • 266 29 51 • www.smb.museum • ma-vi 10.00-18.00, ju 10.00-22.00, sa-do 11.00-18.00 • **adultos/reducida 8/4 €** • Ⓤ2 Mendelssohn-Bartholdy-Park (+ 15 min a pie) • autobús 200 (mejor opción)

12. PHILHARMONIE

La famosa Philharmonie, construida por Hans Scharoun y dirigida antaño por Herbert von Karajan, es mucho más asequible de lo que uno se imagina. De hecho, se encuentran localidades a partir de 15 €. Hay que pedirlas en taquilla. El edificio, abierto en 1963, ha perdido un poco de su esplendor, pero la acústica sigue siendo maravillosa.

Concierto clásico gratuito de media hora los martes a las 13.00 en el Foyer (sep-jun) seguido de una almuerzo opcional por 5 € aprox.

Herbert-von-Karajan Strasse 1, 10785 • 254 88 999 • www.berliner-philharmoniker.de • **venta de entradas *in situ*** • lu-vi 15.00-18.00, sa-do 11.00-14.00 • Ⓤ2 o Ⓢ-Bahn Potsdamer Platz

13. MUSEO DE LAS ARTES DECORATIVAS

El conjunto realizado por el arquitecto Rolf Gutbrod reúne colecciones que cubren el período desde la Edad Media hasta nuestros días. La pieza más hermosa es el tesoro de los güelfos (Welfenschatz), un relicario procedente de la catedral de Brunswick, lugar de sepultura del duque güelfo Enrique el León, que contiene reliquias de santos. El resto de la colección (mobiliario de diversos siglos, joyas, porcelanas) está expuesto desde mayo del 2004 en el castillo de Köpenick.

Kunstgewerbemuseum • Tiergartenstrasse 6, 10785 • 266 29 51 • www.smb.museum • ma-vi 10.00-18.00, sa-do 11.00-18.00 • **adultos/reducida 8/4 €** • Autobús 200

14. PINACOTECA

La pinacoteca de Berlín alberga en la actualidad una de las colecciones de pintura europea más importantes del mundo. Se extiende del s. XIII al XVIII. Se pueden admirar allí especialmente obras maestras de Botticelli, Van Eyck, Bruegel, Durero, Rafael, Rembrandt, Rubens o Vermeer.

Gemäldegalerie • Stauffenbergstrasse 40, 10785 • 266 29 51 • www.smb.museum • ma-vi 10.00-18.00, ju 10.00-22.00, sa-do 11.00-18.00 • **adultos/reducida 8/4 € (audioguía incl. en la entrada)** • Autobús 200

COMER

MUY CHIC

15. PARIS-MOSKAU

ALTA COCINA

Este extraño restaurante parece una pequeña estación perdida en medio de la nada. Situado entre la Estación Central y la cancillería, el Paris-Moskau nos da la sensación de estar en las afueras de Berlín, cuando de hecho estamos en el corazón del poder. La cocina y los vinos son de altos vuelos pero mantienen una excelente relación calidad-precio (principales 18,50-25 €).

El Ministerio del Interior estaba en construcción a comienzos del 2011 justo detrás del restaurante. El ambiente podría haber cambiado radicalmente.

Alt-Moabit 141, 10557 • 394 20 81 • lu-vi 12.00-15.00 y 18.00-24.00, sa-do 18.00-24.00 • S-Bahn Hauptbahnhof

16. ZOLLPACKHOF

BÁVARO

Situado frente a la cancillería, es un refugio de vegetación en el barrio gubernamental. Las dimensiones del viejo castaño en el *biergarten* de 800 plazas son impresionantes. Abierta en 1685 por el francés Ménard, la "Ménardie" era antaño el punto de encuentro de los protestantes expulsados por la revocación del edicto de Nantes. Fue abandonado durante la guerra fría. Cocina sin pretensiones. La gente va allí sobre todo por el ambiente, para tomar una cerveza con un *bretzel* (¡7,5 € la jarra de 1 l!).

Menú almuerzo por 8,90 €.

Elisabet.oo-Abegg Strasse 1, 10557 • 330 99 720 • www.zollpackhof.de • lu-do excepto do y lu 11.00-24.00 • S-Bahn Hauptbahnhof

17. SARAH WIENER

AUSTRÍACO

La famosa cocinera austríaca ha abierto una filial en un ala del Museo de Arte Contemporáneo Hamburger Bahnhof (p. 113). La cocina es de buena calidad y todos los platos llevan productos de cultivo ecológico (principales 11,50-16-60 €). La atmósfera recuerda la de un café vienés, con un rincón con biblioteca y una terraza de verano para almorzar junto al agua. Muy luminoso.

Se puede llegar sin entrar al museo.

Invalidenstrasse 50-51, 10557 • 70 71 36 50 • www.sarahwieners.de • ma-vi 10.00-18.00, sa 11.00-20.00, do 11.00-18.00 • S-Bahn Hauptbahnhof

18. CAFÉ AM NEUEN SEE

AUTOSERVICIO AL AIRE LIBRE

Uno creería estar a orillas de un lago en Múnich, pero está en el Tiergarten, rodeado de castaños, con una cerveza y *bretzels* en la mesa o echado en una tumbona. La cocina es muy sencilla (pastas, *pizzas*, etc.), muy correcta, y los precios son razonables. En cuanto aparece el sol, sirven en el exterior (cuesta encontrar sitio los fines de semana).

Se puede alquilar una barca para dar una vuelta por el lago (5/10 € media/1 h, con fianza (llaves, DNI, etc.); pregúntese en la barra del restaurante.

Lichtensteinallee 2, 10787 • 254 49 30 • lu-do 10.00-23.00 • S-Bahn Tiergarten o Zoologischer Garten

19. KÄFER

MUY CHIC

RESTAURANTE PANORÁMICO

De todos los restaurantes panorámicos de Berlín, el del Reichstag es sin duda el mejor (principales 6,50-29,50 €). Antaño, desde la terraza solo se veían grúas. En la actualidad todo el centro de Berlín se abre al espectador. Está casi acabado. Grandioso. También se puede ir a la hora del "Cafe-Kuchen" (café servido con una gran porción de pastel de crema) hacia las 16.00.

Se recomienda reservar (por teléfono o por correo electrónico: kaeferreservierung.berlin@feinkost-kaefer.de).

Platz der Republik 1, 11011 • 22 62 99 33 • www.feinkost-kaefer.de • lu-do 9.00-10.15 (desayuno), 12.00-14.30 (almuerzo) y 18.30-24.00 (cena) • Ⓢ-Bahn Brandenburger Tor

20. BRASSERIE DESBROSSES

MUY CHIC

FRANCÉS

Se entra por el Ritz-Carlton, se gira a la izquierda en la entrada... y ya está uno en una *brasserie* de gran lujo. El menú *business* cuesta 14 € (principales + bebida). Uno puede decidirse por la carta, pero los precios son sensiblemente más caros.

Todos los jueves, bufé de 16.00 a 19.00 con ostras a voluntad por 29 €, copa de champán incluida.

Potsdamer Platz 3 (Beisheim Center), 10785 • 33 777 6341 • www.desbrosses.de • lu-do 11.30-23.30 • Ⓤ2 o Ⓢ-Bahn Potsdamer Platz

MUY CHEAP

21. QIU

INTERNACIONAL

Situado frente al Sony Center, en el primer piso del Mandala Hotel (tómese la pequeña escalera frente a recepción), el Qiu es el local ideal para un almuerzo tranquilo en un barrio agitado. Por 12 €, sirven un menú que comprende un primero (sopa o ensalada), un segundo, una bebida (no alcohólica) y un café. Todo ello en el ambiente *lounge* de un hotel de lujo. Muy buena cocina. El servicio lo realizan estudiantes de hostelería. Solo abren a mediodía.

El Qiu también es una coctelería abierta hasta última hora de la noche.

Potsdamer Strasse 3, 10785 • 59 00 00 00 • www.qiu.de • comida lu-vi 12.00-15.00, bar do-mi hasta 1.00, ju-sa hasta 3.00 • Ⓤ2 o Ⓢ-Bahn Potsdamer Platz

22. FACIL

MUY CHIC

ALTA COCINA

En el 5º piso del Mandala Hotel, el Facil es el punto de encuentro de los gastrónomos de Berlín. En una terraza protegida por una vidriera, se pueden degustar los nuevos inventos del chef, creados a su antojo. A mediodía los precios son razonables: los menús permiten tomar uno, dos o tres platos (18/28/39 €). Por la noche, hay que calcular entre 16 y 55 € el plato.

Potsdamer Strasse 3, 10785 • 590 05 1234 • www.facil.de • lu-vi 12.00-15.00 y a partir de 19.00 (cierre anual med jul-med ago y ppios ene) • U2 o S-Bahn Potsdamer Platz

23. JOSEPH ROTH-DIELE

MUY CHEAP

ALEMÁN

En una atmósfera de salón del s. XIX (fotos de familia en blanco y negro en las paredes y diarios a disposición de los clientes), este restaurante es uno de los lugares más auténticos de Berlín. En efecto, no es frecuente encontrar una buena cocina familiar alemana con auténticos *Spätzle* (pastas a base de harina, huevo, sal y agua). A mediodía, todo va muy deprisa. El postre está en autoservicio en el mostrador. Se paga en la caja. Por la noche es más tranquilo.

Solo 12 € por un plato con bebida.

Potsdamer Strasse 75, 10785 • 26 36 98 84 • www.joseph-roth-diele.de • lu-vi 10.00-24.00 • U1 Kurfürstenstrasse

24. CAFÉ EINSTEIN

MUY CHIC

AUSTRÍACO

Instalado en una magnífica villa protegida del ruido, el Einstein es uno de los escasos restaurantes de la capital dotados de una clase "natural". Han abierto varias filiales en Berlín, pero no tienen en absoluto la misma atmósfera. ¡Aquí estamos en la casa madre! Los platos van de 5,80 a 26 € y el personal es muy competente. Importante: en el primer piso ha abierto una coctelería.

Cocina abierta hasta las 24.00.

Kurfürstenstrasse 58, 10785 • 261 50 96 • www.cafeeinstein.com • lu-do 8.00-1.00 • U1 Kurfürstenstrasse o U4 Nollendorfplatz

DE COPAS...

25.

26.

25. CAPITAL BEACH

CHIRINGUITO DE PLAYA

Antaño, el río estaba vigilado por la policía de la RDA. La mínima tentativa de evasión nadando se reprimía a tiros. En la actualidad, las tumbonas han sustituido las alambradas. El Capital Beach es la encarnación misma del Berlín de la década del 2000, el del "*bobo* ocioso" al aire libre (600 plazas). Más de 60 cócteles en la carta. Bebidas sin alcohol a partir de 1,5 €, jarra de cerveza a partir de 3 €.

Ludwig-Erhard-Ufer, 10557 • 0163 565 41 23 • www.capital-beach.eu • lu-do a partir de 10.00, cerrado oct-feb • S-Bahn Hauptbahnhof

26. SCHLEUSENKRUG

'BIERGARTEN'

Después de un paseo por el Tiergarten, uno puede detenerse en esta acogedora posada para relajarse con una copa o aprovechar un concierto. La gente suele quedarse allí hasta última hora de la noche.

→ *De noviembre a abril está cerrado por la noche.*

Müller-Breslau-Strasse, 10623 • 313 9909 • www.schleusenkrug.de • lu-do 10.00-sin hora fija (verano), lu-vi 11.00-18.00 y sa-do 10.00-19.00 (nov-med mar) • S-Bahn Tiergarten

27. PANORAMAPUNKT

BISTRÓ PANORÁMICO

El ascensor que lleva a lo alto de la torre panorámica de Potsdamer Platz es, según el constructor, el más rápido de Europa. En 20 segundos, uno es propulsado a la terraza a 90 m de altura con una impresionante vista sobre Berlín. El café está abierto a partir de las 11.00 para tomar algo y, si se quiere, una porción de tarta (4 €) con vistas.

Potsdamer Platz 1, 10785 • 25 93 70 80 • www.panoramapunkt.de • lu-do 10.00-17.30 (hasta la puesta de sol en verano) • **adultos/reducida/-6 años 6,50/4,50 €/gratis** • U2 o S-Bahn Potsdamer Platz

30.

29.

27.

31.

28. VICTORIA BAR — MUY CHIC

COCTELERÍA

Una de los mejores coctelerías de Berlín se sitúa paradójicamente en una de las calles más deprimentes de la capital. Hay que pasar al otro lado de las vidrieras ahumadas y pedir un cóctel en la barra o en un sofá de cuero (a partir de 7,90/ 4,50 € con/sin alcohol).

Potsdamer Strasse 102, 10785 • 25 75 99 77 • www.victoriabar.de • do-ju 18.30-3.00, vi-sa 18.30-4.00 • U2 Bülowstrasse o U1 Kurfürstenstrasse • Autobús nocturno N1, N2

30. KUMPELNEST 3000

BAR DE NOCHE

Sus noches no acaban nunca antes de las 6.00. Cuanto más se acerca el día al "Nido de colegas", más decadente es el ambiente. Las *drag-queens* y las trabajadoras de la noche se dan cita allí y suelen hacer sus numeritos en la barra. Berlín en estado puro.

Lützowstasse 23, 10785 • 261 69 18 • www.kumpelnest3000.com • lu-do 19.00-6.00 (como pronto) • U1 Kurfürstenstrasse • Autobús nocturno N1, N2

29. BUCHWALD — MUY CHEAP

SALÓN DE TÉ

En este típico salón de té se aprecia el famoso *Cafe-Kuchen*, la hora del té a la alemana. El Buchwald ofrece un gran surtido de especialidades en pasteles y tartas a precios muy correctos (entre 1,30 y 2,80 €, café 1,70 €).

→ ***Hay que precisar "con o sin nata" ("mit Sahne" o "ohne Sahne").***

Bartningallee 29, 10557 • 3915931 • www.konditorei-buchwald.de • lu-sa 9.00-18.00, do 10.00-18.00 • S-Bahn Bellevue

31. BAR AM LÜTZOWPLATZ — MUY CHIC

BAR DE NOCHE

Un local de referencia para toda la fauna nocturna. Detrás del gigantesco mostrador, los bármanes preparan cócteles de altos vuelos a precios asequibles (a partir de 5,50 €). El dueño ha encontrado algunos *whiskies* de malta más bien raros, relacionados en una carta especial.

→ ***Cócteles a mitad de precio (+1 €) antes de la 21.00. Velada jazzística los martes.***

Lützowplatz 7, 10785 • 262 68 07 • www.baramluetzowplatz.com • lu-mi y do 18.00-2.00, ju-sa 18.00-4.00 • U1 Kurfürstenstrasse • Autobús nocturno N1, N2

32. RASTRO DE LA AVENIDA DEL 17 DE JUNIO

RASTRO

La mayor reunión de comerciantes de antigüedades de Berlín atrae a los turistas los fines de semana, pero sigue siendo muy auténtico. Los precios son sin duda más caros que en otras tiendas de antigüedades, pero siempre se pueden encontrar objetos a buen precio. El Berliner Trödelmarkt es también la gran cita de la artesanía.

Trödel Markt • Strasse des 17. Juni • 26 55 00 96 • www.berliner-troedelmarkt.de • sa-do 10.00-17.00 • S-Bahn Tiergarten

DE COMPRAS

33. KPM

MUY CHIC

PORCELANA

La antigua fábrica de la Manufactura Real de Porcelana ha sido transformada en gran sala de ventas (entrada gratuita). Los precios se equiparan a los de una vajilla de alta calidad: parten de 38 € por un salero o 48 € por una simple taza.

Si se pasa por el café KPM (por la c. Wegely), se puede ver una hermosísima exposición y taller en el que trabajan a la vista del público los artesanos de la manufactura (entrada 10 €).

Wegelystrasse 1, 10623 • 39 00 90 • www.kpm-berlin.de • lu-sa 10.00-18.00 • S-Bahn Tiergarten

34. AVE MARIA

ARTÍCULOS RELIGIOSOS

Esta pequeña tienda es conocida por todos los devotos de Berlín, pero está abierta a los turistas sin convicciones religiosas. Allí, en cierto modo como en Lourdes, se encuentran todos los artículos imaginables relacionados con Cristo y la Virgen María. Gran surtido de postales.

Después se puede almorzar en el restaurante Joseph-Roth-Diele, justo al lado ***(véase p. 119).***

Potsdamer Strasse 75, 10785 • 262 12 11 • www.avemaria.de • lu-vi 12.00-18.00, sa 12.00-15.00 • Ⓤ1 Kurfürstenstrasse

33.

34.

35.

35. SONY CENTER

COMERCIOS Y ENTRETENIMIENTO

El Sony Center, un enorme complejo que reúne bares, tiendas y cines, es uno de los puntos de referencia de Potsdamer Platz. Es fácilmente reconocible por su capitel de tela que planea a 67 m por encima de la plaza interior. Cuando anochece, el techo se adorna con mil colores gracias a los juegos de luces imaginados por el artista francés de la luz Yann Kersalé. El Sony Center alberga la Sony Style Store (lu-sa 11.00-19.00), que ofrece toda la panoplia de productos de la marca.

Potsdamer Strasse 4, 10785 • www.sonycenter.de • Ⓤ2 o Ⓢ-Bahn Potsdamer Platz

Charlottenburg

RENACIMIENTO DE LOS BARRIOS NOBL

La reunificación de 1990 había sumido a Charlottenburg en una gran depresión. En aquella época, todo el mundo se iba de fiesta al Este. Pero la depresión no duró mucho. Escaparate de Alemania Occidental durante los 28 años del Muro, el barrio se quitó el polvo en poco tiempo para volver a ser lo que había sido durante los años locos: el punto de reunión de la vida mundana. La agitación ha recuperado el pulso a lo largo de Ku'damm, con sus comercios, sus teatros, sus cines y sus salas de espectáculos. Se vuelve a oír hablar el ruso, como en la década de 1920, cuando llamaban al barrio "Charlottengrad".

EPICENTROS

EL BARRIO DE LAS COMPRAS Y DE LOS ESPECTÁCULOS: por Kurfürstendamm
EL BARRIO HISTÓRICO: alrededor del castillo de Charlottenburg
EL BARRIO DE LA NOCHE: alrededor de Savignyplatz

ESENCIALES

KURFÜRSTENDAMM/⊙4: la gran avenida de las compras ha recuperado su esplendor aunque su mutación todavía no ha acabado (véase p. 129).
GEDÄCHTNISKIRCHE/⊙5: el campanario en ruinas de la iglesia del Recuerdo es uno de los emblemas de Berlín. Es un maravilloso símbolo para denunciar las aberraciones de la guerra (véase p. 128).
PARIS-BAR/🍴13: este restaurante francés es una de las referencias más frecuentadas por las grades estrellas internaciones desde hace varias décadas (véase p. 132).
CASTILLO DE CHARLOTTENBURG/⊙10: destruido por las bombas, tardaron más de 20 años en reconstruirlo. Su parque es un lugar maravilloso para pasear (véase p. 131).

Confidencial

LITERATURHAUS/⊙6: la "casa de la literatura" agrupa todo lo que apasiona a los intelectuales: una librería, museos y un café rodeado de vegetación (véase p. 130).
MUSEO BERGGRUEN/⊙9: frente al castillo, Picasso, Matisse o Klee se ofrecen al visitante en un hermoso edificio (véase p. 131).
ROGACKI/🍴17: todos los gastrónomos conocen este local de comida preparada. Ahúman pescados desde hace más de 80 años (véase p. 133).
QUASIMODO/🍷20: para tomar una cerveza o un vino en el café y después, en la sala de espectáculos, escuchar *jazz* o *rock*. El mejor lugar para desconectar (véase p. 134).

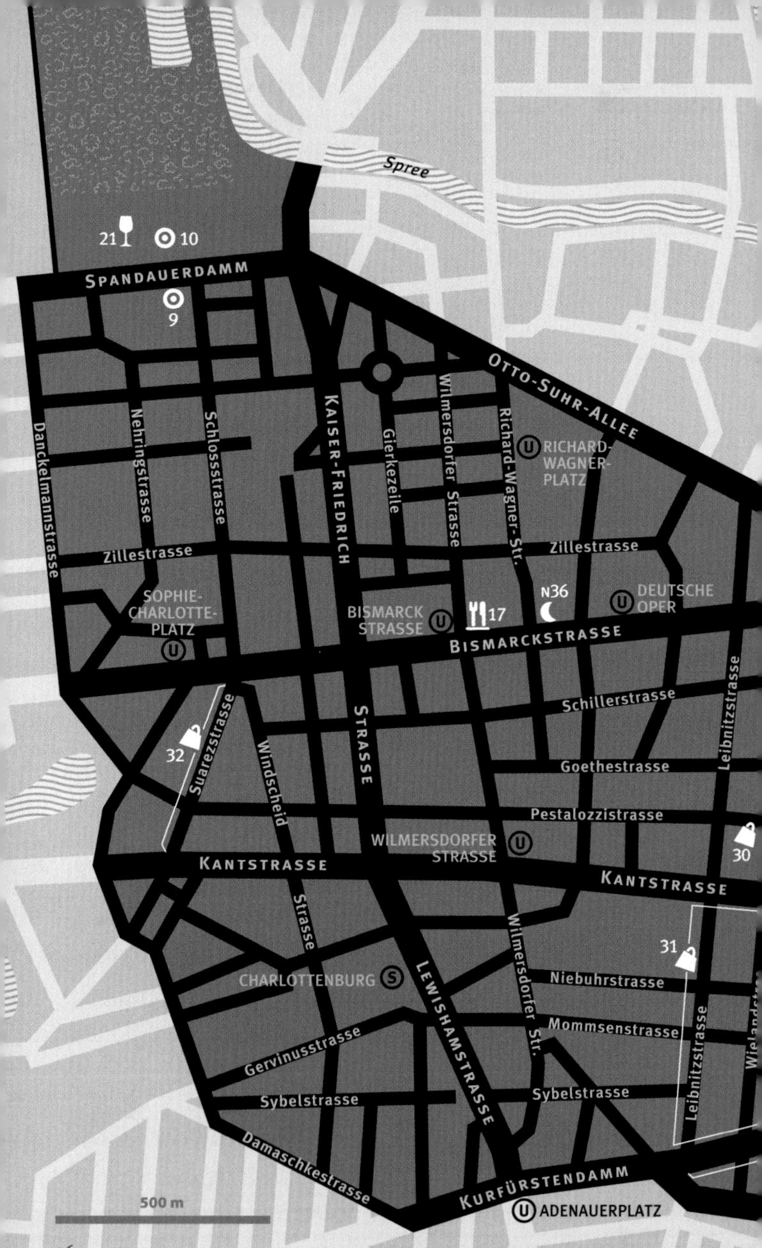
Spree
21
10
Spandauerdamm
9
Otto-Suhr-Allee
Danckelmannstrasse
Nehringstrasse
Schlossstrasse
Kaiser-Friedrich
Gierkezeile
Wilmersdorfer Strasse
Richard-Wagner-Str.
Richard-Wagner-Platz
Zillestrasse
Zillestrasse
Sophie-Charlotte-Platz
Bismarck Strasse
17
N36
Deutsche Oper
Bismarckstrasse
Schillerstrasse
Suarezstrasse
32
Windscheid
Strasse
Strasse
Goethestrasse
Leibnitzstrasse
Pestalozzistrasse
Wilmersdorfer Strasse
30
Kantstrasse
Kantstrasse
Wilmersdorfer Str.
31
Charlottenburg
Lewishamstrasse
Niebuhrstrasse
Mommsenstrasse
Leibnitzstrasse
Gervinusstrasse
Sybelstrasse
Sybelstrasse
Damaschkestrasse
Kurfürstendamm
Adenauerplatz
500 m

Visitas
Comer
De copas
De compras
Salir (véase capítulo específico p. 181)
Ernst-Reuter Platz
Strasse des 17. Juni
N37
ERNST-REUTER-PLATZ
Fasanenstrasse
Hertzallee
25
Goethestrasse
Hardenbergstrasse
16
Strasse
5
3
Entrée du zoo
23
N32
13
27
Strasse
20
ZOOLOGISCHER GARTEN
24
22
N31
SAVIGNY PLATZ
8
29
4
14
Kantstrasse
Budapesterstr.
26
12
11
1
Bleibtreustrasse
Knesebeck
Strasse
18
19
Str.
KURFÜRSTENDAMM
33
UHLAND STRASSE
Fasanenstrasse
Rankestr.
Kurfürstendamm
Joachimstaler
Augsburgerstrasse
Nürnbergerstrasse
28
6
2
7
Uhland
15
AUGSBURGER STRASSE
Lietzenburger Strasse

VISITAS

El barrio burgués se ha recuperado. Su castillo, su zoo, su vida nocturna, sus salas de concierto y sus elegantes cafés le dan un encanto muy especial, sobre todo alrededor de la bonita Savignyplatz.

1. KAISER-WILHELM-GEDÄCHTNISKIRCHE

La iglesia del Recuerdo es un símbolo que denuncia la locura de la guerra. Su campanario en ruinas, llamado el "diente cariado" por los berlineses, se yergue como recuerdo desgarrador de los bombardeos. La iglesia alberga una exposición sobre los bombardeos del edificio durante la Segunda Guerra Mundial. Desde 1961, el lugar de culto ha sido desplazado a un nuevo edificio construido al lado por el famoso arquitecto alemán Egon Eiermann. Son notables los 21 570 bloques de cristal trabajados a mano, de un azul intenso, que filtran la luz exterior.

Breitscheidplatz, la plaza junto a la iglesia, está muy animada alrededor de la fuente Der Weltkugelbrunnen.

Lietzenburger Strasse 39, 10789 • 218 50 23 • www.gedaechtniskirche-berlin.de • lu, ma, ju, vi 9.00-12.00, mi 15.00-18.00 • U3 Augsburger Strasse, U1 Kurfürstendamm o U2 Wittenbergplatz

2. KU'DAMM

Llamado los "Campos Elíseos de Berlín", Kurfürstendamm fue lugar emblemático de los años locos y más tarde el escaparate capitalista de Berlín Oeste durante la guerra fría. Después de la reunificación, esta gran arteria comercial ha perdido parte de su esplendor y ha tenido que competir con su rival del Este, Friedrichstrasse. Contra todo pronóstico, ha conseguido una increíble metamorfosis. Han aparecido proyectos inmobiliarios; los edificios antiguos supervivientes de los bombardeos han sido restaurados. En la actualidad, con sus grandes tiendas y sus numerosos cafés, Ku'damm vuelve a ser el lugar de cita de la vida mundana.

U1 o U9 Kurfürstendamm

3. ESTACIÓN DEL ZOOLOGISCHER GARTEN

La antigua Estación Central de Berlín Oeste es la gran perdedora de la reunificación. Desde el 2006, los trenes procedentes de Bruselas y de París ya no se detienen aquí, sino en la nueva estación de cristal y de acero de la Hauptbahnhof (véase p. 113). La estación es tristemente famosa a raíz de la película sobre los niños drogadictos *Yo, Cristina F.*

La entrada al zoo y a su hermoso acuario se encuentra frente a la estación, saliendo a la izquierda (25 40 10; www.zoo-berlin.de; lu-do 9.00-17.00; adultos/reducida 12/9 €, zoo + acuario 18/14 €).

U2 o S-Bahn Zoologischer Garten

4. MUSEO DEL EROTISMO

Los alemanes llamaban a Beate Uhlse la "abuela del porno". Esta comerciante del sexo, fallecida en el 2001 a los 81 años, encarnaba la liberación sexual en Alemania. Fue ella quien abrió en 1995 este popular museo que reúne más de 3000 objetos y obras de arte de todo el mundo relacionados con el sexo.

Completa la visita un sex-shop en la planta baja.

Beate Uhse Erotikmuseum • Joachimstaler Strasse 4, 10623 (entrada por el *sex-shop*) • 886 06 66 • www.erotikmuseum.de • lu-sa 9.00-24.00, do 11.00-24.00 • adulto/pareja 14/25 €, prohibido -18 años • U2 o S-Bahn Zoologischer Garten

5. FUNDACIÓN HELMUT NEWTON – MUSEO DE FOTOGRAFÍA

Amenazado por los nazis, el famoso fotógrafo de moda y de desnudo femenino tuvo que huir de Berlín a los 18 años. El museo de la fotografía, inaugurado en junio del 2004 detrás de la estación del Zoologischer Garten, alberga en la planta baja una exposición permanente de la Fundación Newton *(Helmut Newton's Private Property)* y dos exposiciones temporales al año en el primer piso. El museo, independiente de la Fundación, está situado en el nivel superior con tres exposiciones temporales al año.

Helmut Newton, im Museum für Fotografie • Jebensstrasse 2, 10623 • 31 86 48 25, visita guiada 26 63 66 • www.helmutnewton.com o www.smb.spk-berlin.de • ma-do 10.00-18.00, ju hasta 22.00 • **adultos/reducida 8/4 €** • Ⓤ2 o Ⓢ-Bahn Zoologischer Garten Uhlandstrasse

GRATIS

6. LITERATURHAUS

Con su programa excepcional de lecturas, la "casa de la literatura" es el lugar de cita obligatorio de la esfera intelectual y literaria de Berlín. Cuenta con una librería y un magnífico café con prensa extranjera (véase p. 137). Al lado se encuentran el **Museo Käthe-Kollwitz** (famosa artista-escultora alemana del s. XX) y la **Villa Grisebach,** sala de subastas que alberga también una exposición de arte contemporáneo en el piso superior (ma-vi 10.00-18.00, sa 11.00-16.00; entrada libre).

Fasanenstrasse 23, 10719 • 887 28 60 • www.literaturhaus-berlin.de • librería lu-vi 10.00-20.00, sa 10.00-18.00, café lu-do 9.30-1.00 • Ⓤ1 Uhlandstrasse

7. THE STORY OF BERLIN

Se trata de un museo "a la americana", muy divertido, que narra 800 años de historia de la ciudad mediante una exposición interactiva. Abierto en 1990, The Story of Berlin pone en primer plano la vida cotidiana de los berlineses con 23 salas temáticas y la reconstrucción de domicilios a lo largo de los siglos. La entrada del museo incluye la visita de un auténtico búnker situado bajo Kurfürstendamm.

Kurfürstendamm 206, 10719 88 72 01 00 • www.story-of-berlin.de • lu-do 10.00-20.00 (última admisión 18.00) • **adultos/ reducida 10/8 € (visita del búnker incl., salida cada h con un guía)** • Ⓤ1 Uhlandstrasse

8. SAVIGNYPLATZ

Es la plaza con más bares de noche del barrio. Ha sabido conservar su atmósfera del Berlín de la guerra fría, con todos sus comercios y sus establecimientos en los alrededores, anglófilos, pero también francófilos (Café Brel, Café Gainsbourg, Paris-Bar, etc.). El jardín fue reconstruido en 1987 siguiendo los planos de 1926.

···› *Es mejor pasear por el norte de la plaza. Las calles son mucho más tranquilas que en el sur.*

S-Bahn Savignyplatz

9. MUSEO BERGGRUEN

Justo frente al castillo, el museo del coleccionista Heinz Berggruen (fallecido en París en el 2007) reúne una magnífica colección de cuadros de Pablo Picasso (más de 100 obras), de Paul Klee (60 lienzos), de Henri Matisse y de Alberto Giacometti. Con audioguía.

···› *El Museo Bröhan dedicado al* Jugendstil *(modernismo) y al* art-déco *está justo al lado.*

Museum Berggruen • Schlossstrasse 1, 14059 • 32 69 58 0 • www.smb.museum • ma-do 10.00-18.00 • adultos/reducida 8/4 € • autobús 109, 309, M45

10. CASTILLO DE CHARLOTTENBURG

Fueron necesarios 20 años para reconstruir el mayor palacio de Berlín, seriamente dañado por los bombardeos. Detrás de este castillo barroco se extiende un maravilloso parque que se presta a los paseos (entrada libre). Diseñado en 1697 por un discípulo de André le Nôtre, Siméon Godeau, este parque a la francesa fue modificado a la inglesa por Peter Joseph Lenné a comienzos del s. XIX. Después de la guerra fue restaurado siguiendo las reglas del jardín a la francesa en el centro y a la inglesa, más libre, en el exterior.

Schloss Charlottenburg • Spandauer Damm 20-24, 14059 • 32 09 11 • www.spsg.de • ma-do 10.00-18.00 (hasta 17.00 nov-mar) • **tarifas variables según los edificios, autorización para fotografiar 3 €** • autobús 109, 309, M45

COMER

11. OTTENTHAL

AUSTRÍACO

Desde el exterior, el restaurante no invita a entrar. No obstante, es uno de los locales más reputados en materia de cocina austríaca. Como es natural, las escalopas vienesas están en la carta, pero el Ottental ofrece otras maravillas de la cocina austríaca, que vienen acompañadas de sabrosos vinos blancos de la Baja Austria, la región de origen del chef. La relación calidad-precio es más que correcta (principales 13-24,50 €)

Kantstrasse 153, 10623 • 313 31 62 • www.ottenthal.de • lu-do 18.00-1.00 • Ⓤ2, Ⓤ9 Zoologischer Garten • Ⓢ-Bahn Zoologischer Garten o Savignyplatz

12. PARIS-BAR

MUY CHIC

FRANCÉS

Aquí no hay el mínimo rincón de mesa que no haya sido rozado por una estrella del mundo del espectáculo o de la política de Mijaíl Gorbachov a Madonna, pasando por Robert de Niro. La reputación del restaurante repercute naturalmente en los precios (hasta 54 € el plato), pero la cocina es excelente y uno se resigna.

De 12.00 a 17.00, menú a 12 €.

Kantstrasse 152, 10623 • 313 80 52 • www.parisbar.net • lu-do 12.00-1.00 • Ⓢ-Bahn Zoologischer Garten o Savignyplatz

13. GOOD FRIENDS

CHINO

Es el restaurante chino más concurrido de Berlín. La decoración, la cocina y el servicio son auténticos. No es extraño que los chinos acudan aquí y se pidan varios platos (3-60 €), la mayoría cantoneses. Por la noche suele estar hasta los topes. Así pues, vale más reservar.

A mediodía, menú por menos de 10 €.

Kantstrasse 30, 10623 • 313 26 59 • www.goodfriends-berlin.de • lu-do 12.00-2.00 • Ⓢ-Bahn Savignyplatz

14. ZWÖLF APOSTEL

MUY CHEAP

PIZZERÍA

Por ser una pizzería, ¡vaya clase! En una hermosa decoración, sirven 12 *pizzas* a elegir, cocidas en horno de leña, cada cual con el nombre de un apóstol (*Apostel* en alemán). Se puede ver a los *pizzaiolos* desde el comedor principal.

Business-lunch *lu-vi a 6,95 € (11.30-16.00) y cada* pizza *a 6,90 € a mediodía.*

Bleibtreustrasse 49, 10623 (entrada por el pasaje a lo largo del viaducto) • 312 14 33 • www.12-apostel.de • lu-do 8.00-1.00 • Ⓢ-Bahn Savignyplatz

15. RESTAURANT DIEKMANN

FRANCO-ALEMÁN

El decorado es el de una antigua tienda de ultramarinos que había antes en este lugar. La carta es más bien reducida, pero los productos son frescos. Cada noche, ofrecen tres nuevos platos (16,50-20,50 €) acompañados de vinos franceses o alemanes (si se elige uno alemán, hay que tomarlo blanco).

Existen otros dos establecimientos Diekmann: uno en Zehlendorf, y el otro en la Estación Central de Hauptbahnhof.

Meinekestrasse 7, 10719 • 883 33 21 • www.diekmann-restaurants.de • lu-sa 12.00-1.00, do 18.00-1.00 (servicio hasta las 23.30) • U1 o U9 Kurfürstendamm

17. ROGACKI

COMIDA PARA LLEVAR

Desde hace 80 años es reputado por sus angulas y sus luciopercas ahumadas. Esta casa de comidas para llevar es imprescindible para los gastrónomos curiosos. Marisco, pescado fresco y ahumado, pero también charcutería, de todos los rincones de Alemania. Se puede uno quedar de pie o sentarse en una mesa.

Wilmersdorfer Strasse 145, 10585 • 343 82 50 • www.rogacki.de • lu-mi 9.00-18.00, ju 9.00-19.00, vi 8.00-19.00, sa 8.00-16.00 • U2 Bismarckstrasse

16. FLORIAN

MUY CHIC

ALEMÁN

El mundo del espectáculo se da cita en el Florian que, con una decoración sencilla pero con estilo, se halla en una zona tranquila, cerca de los teatros de Ku'damm. Uno se cruza con regularidad con directores de cine como Wim Wenders. También han pasado por aquí actores como Gene Hackman o Catherine Deneuve. Sirven cocina alemana con un toque mediterráneo. Todos los productos son de cultivo ecológico.

Se puede comer hasta tarde por la noche (carta reducida a partir de las 23.00).

Grolmanstrasse 52, 10623 • 313 91 84 • www.restaurant-florian.de • lu-do 18.00-3.00 • S-Bahn Savignyplatz

18. LUBITSCH

MUY CHEAP

INTERNACIONAL

Un café para cinéfilos. Situado frente a un cine de arte y ensayo (Filmkunst 66), este café-restaurante es punto de cita de artistas. Su cocina sin pretensiones es excelente. Los precios no tienen competencia (principales 12-18 €). De 12.00 a 18.00 se puede tomar un menú con entrante, segundo y postre por 10 €. Una referencia que hay que recordar si uno no quiere arruinarse.

Menú especial a 5 € a mediodía.

Bleibtreustrasse 47, 10623 • 882 37 56 • www.restaurant-lubitsch.de • lu-sa a partir de 10.00, do a partir de 18.00 • U1 Uhlandstrasse

DE COPAS..

19.

20.

19. KRANZLER

CAFÉ

Todo el mundo conoce el Kranzler, café legendario de la década de 1950. Recientemente fue modernizado, pero ha conservado su encanto de la época. La gente va allí sobre todo para tomar un café o una ración de pastel después de una larga tarde de compras en Ku'damm. Se accede en un ascensor (entrada a la izquierda de la tienda Gerry Weber, al final del pasillo). La sala es pequeña y suele estar llena. El balcón es magnífico.

→ ***Desayuno alemán (salami, queso...) a 9,80 € con bufé libre, bebida incluida, de 8.30 a 12.00.***

Kurfürstendamm 18, 10719 • 887 18 39 25 • www.cafekranzler.de • lu-do 8.30-20.00 • Ⓤ1, Ⓤ9 Kurfürstendamm o Ⓤ2 Zoologischer Garten

20. QUASIMODO

CLUB DE 'JAZZ-ROCK'

Es difícil aburrirse en el Quasimodo. Este famoso club está situado justo al lado de un teatro de comedias musicales, el Theater des Westens. Acoge a los músicos más grandes de *jazz*, de *blues*, pero también de *rock*. Se puede tomar una copa en el café, en la terraza, y decidirse espontáneamente por un concierto (unos 4 semanales, a las 22.00). La entrada se encuentra fuera del café, al lado del cine (bajar por la parte derecha).

→ ***Se puede aprovechar para visitar el edificio wilhelmiano de 1896 del teatro de Westens.***

Kantstrasse 12a, 10623 • 312 80 86 • www.quasimodo.de • lu-vi 16.00-sin hora fija, sa-do 13.00-sin hora fija • Ⓤ2 o Ⓢ-Bahn Zoologischer Garten

21. KLEINE ORANGERIE

CAFÉ DEL CASTILLO

Muy turístico, el café del castillo de Charlottenbourg no deja de ser por ello un lugar agradable para tomar un té y una ración de pastel. También se puede cenar (principales 5,50-17,50 €).

Spandauer Damm 20, 14059 • 322 20 21 • www.kleineorangerie.de • lu-do 10.00-24.00 (abr-sep), ma-do 10.00-20.00 (oct-mar) • autobús 109, 309, M45

23.

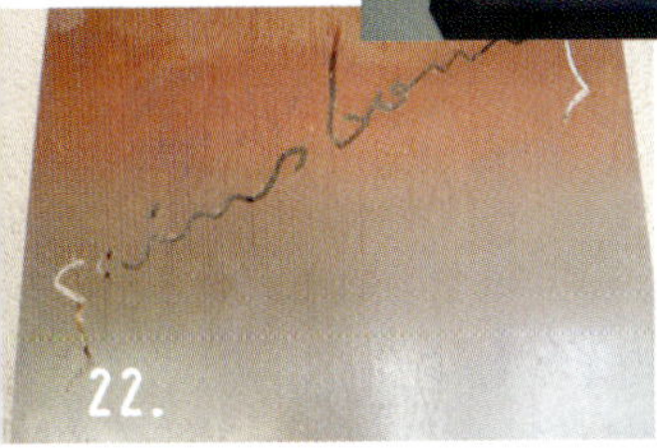

22.

23.

22. GAINSBOURG

BAR AMERICANO

Una de las citas nocturnas más tradicionales del barrio de Savignyplatz. El ambiente lascivo le hubiera gustado sin duda al artista francés. El Gainsbourg, que rinde homenaje al cantante con fotos y citas suyas por las paredes, está hecho para aquellos que prefieren irse a dormir a la hora en que otros comienzan a trabajar. Además, las bebidas están a la altura y uno se puede quedar horas sin arruinarse (cerveza 2,70, cócteles desde 8 €). Ambiente muy "Gainsbarre" a última hora.

Savignyplatz 5, 10623 •
313 74 64 • www.gainsbourg.de •
a partir de 16.00 (17.00 en invierno) •
Ⓢ-Bahn Savignyplatz

23. A-TRANE

CLUB DE 'JAZZ'

Este club de *jazz* no es tan famoso como el Quasimodo y por ello la atmósfera es más intimista. La pequeña sala acoge cada día a grupos de *jazz*. Es el lugar ideal para ir a tomar una copa después de una buena cena (cerveza 3,50 €, cóctel a partir de 6,50 €). Hay que ir a las 21.00, cuando abren, para encontrar un buen lugar. Los conciertos comienzan a las 22.00.

··· ***Entrada gratuita lunes y sábados a medianoche para una* jam-session *muy concurrida.***

Pestalozzistrasse 105, 10625 •
313 25 50 • www.a-trane.de •
lu-do 21.00-2.00 • **entrada 5-30 € según los artistas (en general 8 €)** •
Ⓢ-Bahn Savignyplatz

24. ZWIEBELFISCH

BAR DE NOCHE

Desde el exterior, el bar no tiene nada de extraordinario. Lo bueno está dentro. Es un bar con carácter. Se puede encontrar allí el ambiente de la década de 1970, cuando los estudiantes y los escritores se reunían para arreglar el mundo. Si el público tiene alguna arruga de más, la decoración no ha cambiado desde su apertura en 1967. El ambiente sigue siendo igual de simpático, como los precios (pinta a 2,70 €). ¡Qué bien se siente uno en el Zwiebelfisch! Dan ganas de quedarse hasta las 6.00...

Savignyplatz 7/8, 10623 • 312 73 63 • www.zwiebelfisch.de • lu-do 12.00-6.00 • S-Bahn Savignyplatz

25. HARDENBERG

MUY CHEAP

CAFÉ

El Hardenberg, con un ambiente de café parisino (pero mucho mayor, con un piso), está frecuentado principalmente por estudiantes de la Universidad Técnica (TU). Lo mejor es ir allí a última hora de la tarde, después del jaleo de mediodía (lo toman al asalto los estudiantes que acuden allí a aprovechar sus platos a precios asequibles). Entonces uno puede relajarse frente a un café, leyendo los diarios (prensa extranjera disponible).

Hardenbergstrasse 10, 10623 • 312 26 44 • www.cafe-hardenberg.de • lu-do 9.00-1.00 (servicio continuo) • U2 Ernst-Reuter-Platz

26. CAFÉ BREL

MUY CHIC

PIANO-BAR

Este restaurante de Savignyplatz está dedicado al famoso cantante belga, pero también hace las veces de bar y de café-concierto con veladas especiales de *chanson*. Cuando las mesas de la sala o de la terraza no están reservadas para cenar, se puede tomar una copa allí. Ambiente sosegado.

Un pianista acompaña las veladas.

Savignyplatz 1, 10623 • www.cafebrel.de • 31 80 00 20 • lu-do 9.00-4.00 • S-Bahn Savignyplatz • autobús nocturno N10

27. DICKE WIRTIN

TABERNA

Si uno quiere descubrir una auténtica Kneipe, muy ruidosa, hay que ir a tomar una copa en el Dicke Wirtin. Las tabernas berlinesas son cada vez más escasas. Aquí les gusta el fútbol (retransmisión de los partidos de la Bundesliga) y las salchichas belgas (2,60 €). No es alta cocina, pero uno queda ahíto. Las sopas, a partir de 3 €, se sirven toda la noche. Abierto hasta la madrugada.

Carmerstrasse 9, 10623 • 312 49 52 • www.dicke-wirtin.de • lu-do 12.00-sin hora fija • Ⓢ-Bahn Savignyplatz

28. WINTERGARTEN

MUY CHIC

CAFÉ LITERARIO

Uno no sabría encontrar un lugar más frondoso y relajante cerca de Ku'damm. El Wintergarten es el punto de encuentro de los intelectuales. Se encuentra en medio de un complejo junto con la "casa de la literatura" (Literaturhaus, véase p. 130), en el interior de la villa. El invernadero, en lo alto de la escalinata, es un bonito sitio para tomar una copa. Naturalmente, suele estar lleno o reservado. No hay que dudar en pedir una mesa. En el exterior, la terraza en el jardín está abierta en cuanto calienta el sol.

Fasanenstrasse 23, 10719 • 882 54 14 • www.literaturhaus-berlin.de • lu-do 9.30-1.00 • Ⓤ1 Uhlandstrasse

29. STILWERK

DECORACIÓN

Lo llaman aquí el "Harrod's del mobiliario de interior". Estos grandes almacenes dedicados a los muebles y a la decoración despliega en seis plantas grandes marcas internacionales y objetos de diseñadores de todo el mundo. Se puede dar un paseo solo como inspiración. Da ideas.

Kantstrasse 17, 10623 • 31 51 50 • www.stilwerk.de • lu-sa 10.00-19.00 • S-Bahn Savignyplatz o Zoologischer Garten

DE COMPRAS

29.

30. BERLINER FILM ANTIQUARIAT

CARTELES Y ARTÍCULOS DE CINE

Los enamorados del cine encontrarán en esta tienda sobrecargada el cartel de su película favorita o el autógrafo de un actor famoso. El *stock* de este coleccionista supera el millón de carteles. También se encuentran allí libros en otros idiomas sobre el tema del cine.

Se puede contactar con el vendedor por correo electrónico (berlinerfilmantiquariat@web.de) antes de pasar por Berlín, para darle tiempo a que encuentre el cartel.

Pestalozzistrasse 93, 10625 • 544 93 057 • www. berlinerfilmantiquariat.de • lu-sa 10.00-19.00 • S-Bahn Savignyplatz

31. POR LOS ALREDEDORES DE KU'DAMM

MUY CHIC

LUJO

Todavía mejor que el bulevar Kurfürstendamm, son las callejuelas adyacentes, más allá de Savignyplatz y de Kantstrasse. Las calles Bleibtreu, Schlüter y Leibnitz, especialmente, están llenas de tiendas.

U1, U9 Kurfürstendamm

32. SUAREZSTRASSE

MUY CHIC

ANTICUARIOS

Unos 30 anticuarios se han instalado en esta calle situada al sur del castillo de Charlottenburg. Hay que visitar la tienda de cristales antiguos Schöne alte Gläser, en el nº 58. Los precios son bastante caros para Berlín.

U2 Sophie-Charlotte-Platz

33. FASANENSTRASSE

LUJO

En esta hermosa calle que cruza Ku'damm, se suceden las tiendas de lujo de ropa y de accesorios de creadores. Aquí nadie duda en gastar fortunas por una pequeña joya. Muy frecuentada por los nuevos rusos.

U1 Uhlandstrasse

34. SECONDO

MUY CHEAP

ALTA COSTURA DE OCASIÓN

Una diminuta tienda de grandes marcas a bajo precio. Secondo ofrece piezas de J. P. Gautier, Versace, Jll Sander, Gucci, Chanel y Dolce & Gabbana a mitad de precio. Pero los descuentos pueden ser todavía más considerables. Depende siempre de la llegada de género y de la calidad (ocasión o fin de colección). Se pueden hacer buenos negocios si se pasa en el momento adecuado.

Mommsenstrasse 61, 10629 • 881 22 91 • www.secondoberlin.de • lu-vi 11.00-18.30, sa 11.00-15.30 • S-Bahn Savignyplatz

Schöneberg

‘BOBO’, ACOGEDOR Y GAY

Schöneberg es como Prenzlauer Berg, pero mucho más relajado. A diferencia de los nuevos barrios del Este, aquí no hace falta ser tendencia. Al contrario, más bien estaría mal visto. Aquí la gente se entretiene en los cafés de Goltzstrasse, a un ritmo provinciano. Schöneberg es un pueblo grande con familias de todos los orígenes, con tañidos de las campanas de las iglesias, con un mercado animado y pequeñas tiendas muy bien cuidadas. El barrio goza de las preferencias de *bobos* y gays.

EPICENTROS

EL BARRIO 'BOBO': alrededor de Goltzstrasse
EL BARRIO GAY: alrededor de Motzstrasse
EL BARRIO DE COMPRAS: alrededor de Wittenbergplatz

ESENCIALES

KADEWE/⊙1: los almacenes más grandes del continente evocan el universo de la novela de Zola El paraíso de las damas (véase p. 143).
MERCADO DE WINTERFELDTPLATZ/⊙3: este mercado, que se celebra miércoles y sábado (este último todavía más palpitante), es el corazón de este barrio familiar y provinciano (véase p. 144).
AYUNTAMIENTO DE SCHÖNEBERG/⊙6: el lugar histórico donde Kennedy declaró Ich bin ein Berliner (véase p. 145).

Confidencial

VIKTORIA-LUISE-PLATZ/⊙4: para dar un paseo por el Berlín del s. XIX, el del Gründerzeit (1840-1873). Algunos edificios sobrevivieron a los bombardeos (véase p. 145).
CAFÉ M/20: para recuperar el ambiente de la década de 1980 frente a un café o una cerveza (véase p. 149).
GARAGE KLEIDERMARKT/25: el mejor plan en Berlín para encontrar ropa barata. Se paga al kilo (véase p. 150).

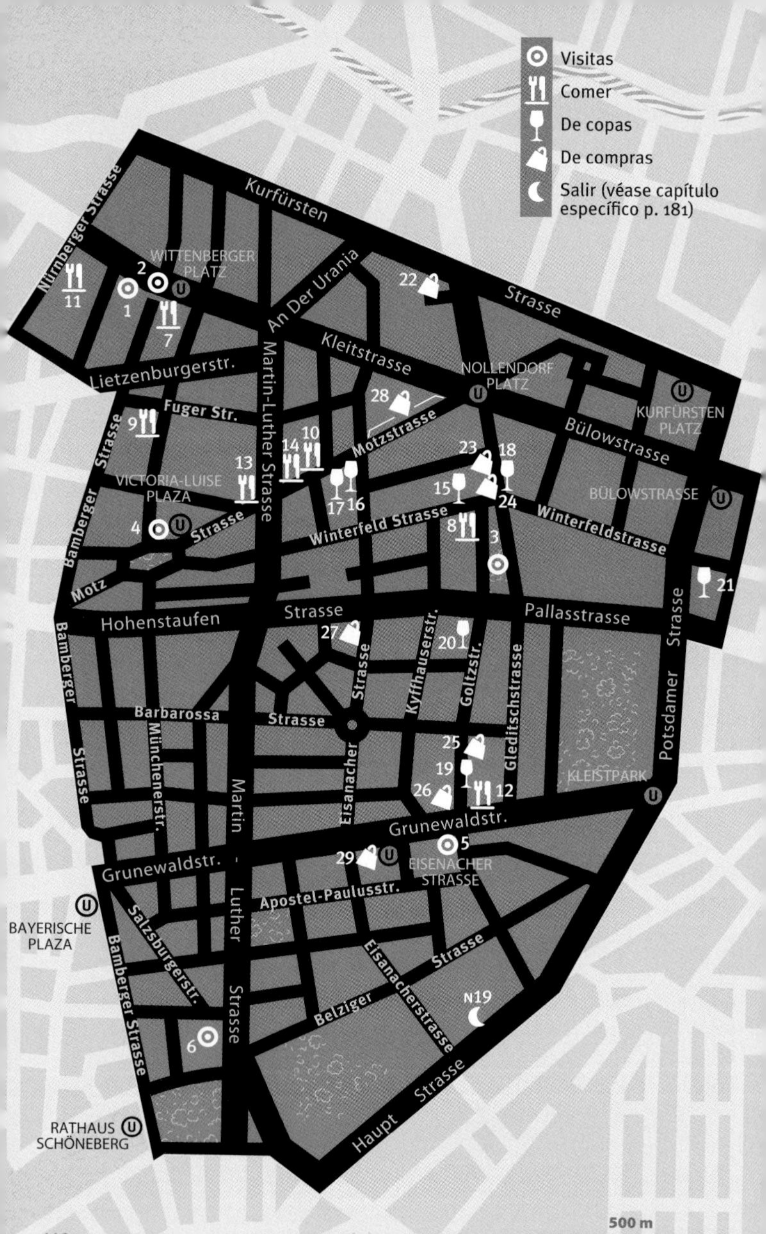
Visitas
Comer
De copas
De compras
Salir (véase capítulo específico p. 181)
Kurfürsten
Strasse
Nürnberger Strasse
WITTENBERGER PLATZ
An Der Urania
Lietzenburgerstr.
Martin-Luther Strasse
Kleitstrasse
NOLLENDORF PLATZ
KURFÜRSTEN PLATZ
Bülowstrasse
Fuger Str.
Motzstrasse
Strasse
VICTORIA-LUISE PLAZA
Bamberger Strasse
BÜLOWSTRASSE
Winterfeld Strasse
Winterfeldstrasse
Motz
Hohenstaufen
Strasse
Pallasstrasse
Potsdamer Strasse
Bamberger Strasse
Kyffhauserstr.
Goltzstr.
Gleditschstrasse
Eisanacher Strasse
Barbarossa
Strasse
Münchenerstr.
KLEISTPARK
Martin - Luther Strasse
Grunewaldstr.
Grunewaldstr.
EISENACHER STRASSE
Apostel-Paulusstr.
BAYERISCHE PLAZA
Salzsburgerstr.
Bamberger Strasse
Eisanacherstrasse
Strasse
Belziger
Haupt Strasse
RATHAUS SCHÖNEBERG
500 m
1
2
3
4
5
6
7
8
9
10
11
12
13
14
15
16
17
18
19
20
21
22
23
24
25
26
27
28
29
N19

VISITAS

Cada paseo por el barrio gay deja maravillado. Ecologistas, bobos, grandes familias turcas, actores, estudiantes, parados... En ningún otro lugar se vive en semejante armonía. La mejor manera de convencerse es ir al mercado y degustar un falafel de cultivo ecológico.

1. KADEWE

Con sus siete pisos, el Kaufhaus des Westens ("grandes almacenes del Oeste") es el mayor gran almacén de Europa y el más conocido de Alemania. Abierto desde hace un siglo, en 1907, ha sido el símbolo de la sociedad de consumo en el corazón del bloque comunista. Las dos últimas plantas están destinadas a la gastronomía, con una amplia selección de productos que hacen la boca agua y que no se encuentran en ningún otro lugar de la capital.

⋯› *Hay que ir a la 6ª planta (restaurante) o al autoservicio (7ª), para tomar un café frente a las vidrieras.*

Tauentzienstrasse 21-24, 10789 • 21 21 0 • www.kadewe.de • lu-ju 10.00-20.00, vi 10.00-21.00, sa 9.30-20.00 •Ⓤ1, Ⓤ2, Ⓤ3 Wittenbergplatz

2. METRO WITTENBERGPLATZ

Es una de las pocas estaciones de metro catalogada como monumento histórico. Todavía se encuentran las antiguas taquillas de madera y los paneles de señalización de la época. En las paredes, se pueden ver algunos anuncios antiguos.

U1, U2, U3 Wittenbergplatz

3. MERCADO DE WINTERFELDTPLATZ

Situada en medio de un barrio maravilloso, la plaza Winterfeldt acoge dos veces a la semana uno de los mercados más conocidos de Berlín, con una amplia oferta de productos de cultivo ecológico. Por supuesto, la atmósfera no es comparable con la de los mercados españoles, más animados, pero el ambiente sigue siendo agradable y familiar. Es la ocasión de un almuerzo rápido en uno de los famosos *falafels* (véase p. 146), una sopa o un *Currywurst* en uno de los numerosos puestos.

→ ***Hay que aprovechar para darse un garbeo por el barrio. Algunas calles sobrevivieron a los bombardeos.***

www.winterfeldtplatz.corbida.de • mi 8.00-14.00, sa 8.00-16.00 • U1, U2, U3, U4 Nollendorfplatz

4. VIKTORIA-LUISE-PLATZ

Con sus villas burguesas del Gründerzeit (estilo arquitectónico berlinés de la década de 1840-1873), la plaza Viktoria-Luise y sus calles adyacentes constituyen uno de los escasos lugares en los que uno todavía puede hacerse una idea del Berlín del s. XIX.

U4 Viktoria-Luise-Platz

5. APOSTEL-PAULUS-KIRCHE Y ALREDEDORES

La iglesia de San Pablo es conocida por sus conciertos de góspel que hacen vibrar las calles de los alrededores. Este barrio de pequeños comerciantes es un modelo de vida intercultural y vive en una armonía sorprendente.

Klixstrasse 2, 10823 • 781 12 80 • www.ev-apostel-paulus-kirchengemeinde.de • lu, ma, vi 10.00-12.00, ju 17.00-19.00 • U7 Eisenacher Strasse

GRATIS

6. AYUNTAMIENTO DE SCHÖNEBERG

Este edificio gigantesco construido en 1014 fue la sede del Senado de Berlín Oeste entre 1949 y 1990. En mayo de 1963, John Kennedy lanzó desde su balcón su famoso *Ich bin ein Berliner*. Cada día a las 12.00, se oye el tañido de la "campana de la libertad", obsequio en 1950 de ciudadanos estadounidenses. Se puede subir a lo alto de la torre, pero el recorrido es bastante movido (ascensor, escalones, escaleras estrechas)... y la vista no es nada excepcional. Cada año tienen lugar exposiciones históricas.

John-F.-Kennedy-Platz 1, 10825 • 902770 • www.berlin.de/ba-tempelhof-schoeneberg • lu-do 10.00-18.00 (con reserva) • **exposiciones temporales gratuitas** • U4 Rathaus-Schöneberg

COMER

7. FRITZ & CO

'SNACK' ECOLÓGICO

¡Por fin un buen *Currywurst*! En este *snack* típicamente berlinés, hacen las patatas fritas con tubérculos de cultivo ecológico y las salchichas vienen de Neuland, un proveedor de carne de calidad. Por último, todas las salsas son de elaboración casera. *Currywurst* con patatas 5 € aprox.

Wittenbergplatz, 10789 • 218 34 26 • lu-do 11.00-24.00 • Ⓤ1, Ⓤ2, Ⓤ3 Wittenbergplatz

8. HABIBI

MUY CHEAP

'SNACK' LIBANÉS

En Berlín, Habibi es el rey del *falafel* y del *shawarma*. Se puede pedir un plato, pero es mejor comer las famosas albóndigas en bocadillo en un pan de pita. Los días de mercado en la plaza Winterfeldt (mi y sa), el *snack* funciona a toda máquina, pero el ambiente es tan agradable, que uno encuentra paciencia para hacer cola. No sirven alcohol, sino zumo de naranja o de zanahoria.

Abierto hasta muy tarde

Goltzstrasse 24, 10781 • 215 33 32 • lu-do 11.00-3.00, vi-sa hasta 5.00 • Ⓤ1, Ⓤ2, Ⓤ3, Ⓤ4 Nollendorfplatz

9. CAFÉ DES ARTISTES

MUY CHIC

SUIZO-INTERNACIONAL

A primera vista, uno espera encontrarse un restaurante experimental, pero, la cocina es más bien tradicional, con algún toque suizo –ensalada caliente de cabra, sopa de pescado, solomillo de buey, asados, *gulash strogonoff*–. También su cruza uno con algunos líderes de la izquierda socialdemócrata. Un bar homónimo abrió al lado a finales del 2010.

El menú del almuerzo tiene una excelente relación calidad-precio: entrante-segundo-postre por 14 €.

Fuggerstrasse 35, 10777 • 23 63 52 49 • www.artistico-berlin.de • lu-sa 12.00-24.00 • Ⓤ1, Ⓤ2, Ⓤ3 Wittenbergplatz

10. MORE

INTERNACIONAL-GAY

Lugar emblemático de la escena gay en Berlín, ofrece una cocina de calidad y un servicio agradable. El gigantesco salón retro podría servir de decorado a una emisión de variedades de la década de 1970. La carta de la noche, con influencias francoitalianas, es variada: pollo al vino, *risotto*, sopa de brócoli, osobuco...

Los platos del* business-lunch, *(hasta 17.00) cuestan 4,50-5,50 €.

Motzstrasse 28, 10777 •23 63 57 02 • www.more-berlin.de • lu-sa 9.00-1.00, do 10.00-1.00 • Ⓤ1, Ⓤ2, Ⓤ3, Ⓤ4 Nollendorfplatz

11. DUKE

MUY CHIC

DE FUSIÓN

El restaurante del hotel Ellington ha elegido un ambiente de la década de 1920 para servir a sus clientes. Manteles blancos y fotografías de firma. Se trata de alta cocina, con destellos de fusión, como la ensalada de alcachofas con chorizo. Se puede visitar la bodega en la antigua cámara del tesoro. Los domingos por la mañana, *"jazz-brunch"* (*brunch* con concierto de *jazz* de fondo) a 33 €.

→ *Hay que aprovechar a mediodía el* business-lunch ***(2/3 platos 13/18,50 €, agua con gas, café y…*** parking ***incluidos).***

Nürnberger Strasse 50, 10789 • 683 15 40 00 • www.duke-restaurant.com • lu-do 11.30-3.00 • aceptan tarjetas • U3 Ausburger Strasse

13. RASTSTÄTTE GNADENBROT

ALEMÁN

En el reino del mal gusto, no hay por qué sentirse desgraciado. Es lo que sucede en el Gnadenbrot con su decoración *trash*, una agradable combinación de taberna, de estación de metro y de área de autopista. El ambiente es agradable y la cocina más bien rústica. Uno va a buscar su plato en la ventanilla –es la ocasión para echar un vistazo a la cocina–. Los lunes, toca tarta flambeada. Los miércoles, escalopa milanesa.

Martin-Luther-Strasse 20ª, 10777 • 21 96 17 86 • www.raststaette-gnadenbrot.de • lu-do 15.00-23.30 (vi-sa hasta las 24.00) • U1, U2, U3, U4 Nollendorfplatz

12. OUSIES

GRIEGO

Si los griegos vienen aquí, es porque la cocina debe tener algo de auténtico. La decoración también. Esta taberna un poco *kitsch*, con su altillo en la sala del fondo, podría servir de escenario teatral. Pero todos estos objetos llegados de Grecia crean una atmósfera exótica que nos pone las papilas a punto. El chef ofrece sobre todo tapas griegas, los *mezedes*.

→ *Siempre está a tope. No hay manera de encontrar mesa sin reserva previa.*

Grunewaldstrasse 16, 10823 • 216 79 57 • www.taverna-ousies.de • lu-do 17.00-24.00 • U7 Eisenacher Strasse

14. SISSI

MUY CHIC

AUSTRÍACO

Decorado con cuadros de la emperatriz, Sissi está situado en pleno barrio gay de Schöneberg. En un ambiente muy relajado, ofrece una amplia selección de platos austríacos tradicionales. La carta de los vinos austríacos es excelente. Se aconseja reservar ya que hay pocas mesas.

Motzstrasse 34, 10777 • 21 01 81 01 • www.sissi-berlin.de • lu-do 12.00-22.30 (hasta las 23.00 vi-sa) • U1, U2, U3, U4 Nollendorfplatz

DE COPAS...

15. GREEN DOOR

MUY CHIC

COCTELERÍA

La entrada, con su puerta verde, hace pensar en un trastero, pero no hay que dudar en llamar. Detrás de la fachada sombría se oculta un local muy conocido. La decoración de la década de 1960 es sencilla pero elegante. Los cócteles (más de 150) son excelentes (a partir de 8 €). El espacio no es muy grande; en seguida se está apretujado, lo que favorece los contactos.

¿Por qué este nombre? El verde era el color de las puertas de los bares que servían alcohol durante la Ley Seca en EE UU.

Winterfeldtstrasse 50, 10781 • 215 25 15 • www.greendoor.de • lu-do 18.00-3.00 (*happy hour* 18.00-21.00) • U1, U2, U3, U4 Nollendorfplatz

16. TOM'S BAR

BAR GAY

Auténtica institución para los encuentros gays en Berlín, el Tom's Bar no ha visto disminuir su reputación que ya ha superado las fronteras. Siempre lleno, sigue siendo uno de los mejores clubs de la capital. El ligoteo se va animando y se prolonga generalmente en los *backrooms*.

Los lunes,* happy hour *toda la noche, siempre muy animada con la fórmula* "2 for 1" *(dos copas al precio de una).

Motzstrasse 19, 10777 • 213 45 70 • www.tomsbar.de • lu-do 22.00-6.00 • U1, U2, U3, U4 Nollendorfplatz

17. HAFEN

BAR GAY

Un punto de ligue legendario. Uno siempre sale emparejado de este club en pleno barrio gay. Como en el Tom's, el lunes es día de fiesta; Hendrick está al mando del divertidísimo Quizz-o-Rama (en inglés, el 1er lunes del mes). Carta de cócteles bastante reducida (a partir de 6,50 €).

Motzstrasse 19, 10777 • 21 14 11 • www.hafen-berlin.de • lu-do a partir de 20.00-sin hora fija • U1, U2, U3, U4 Nollendorfplatz

18.

17

19.

18. CAFÉ BERIO

BAR GAY

Este café *hetero-friendly*, situado cerca de la plaza del mercado, está muy concurrido. En el estilo de un café vienés, habilitado en dos pisos, el Berio es ideal para tomarse un batido de chocolate de día o una copa por la noche, en un ambiente de ligoteo.

···› Happy hour *de 19.00 a 21.00.*

Maassenstrasse 7, 10777 • 216 19 46 • www.cafeberio.de • lu-ju 7.00-24.00, vi 7.00-1.00, sa 8.00-1.00, do 8.00-24.00 • U1, U2, U3, U4 Nollendorfplatz

20. CAFÉ M

BAR DE LA DÉCADA DE 1980

El M es una institución en el barrio. Existe desde hace 30 años y no ha cambiado con su embaldosado estropeado y sus mesas de formica. Lejos del gentío, es uno de los más apreciados de la animadísima Golzstrasse. Allí se va para tomar un café con los amigos o leer tranquilamente el diario. El ambiente se calienta a partir de 22.00.

···› Cócteles desde 5,50 € (20.00-22.00).

Golzstrasse 33, 10781 • 216 70 92 • lu-ju 8.00-2.00, vi-sa sin hora fija, do 10.00-24.00 • U1, U2, U3, U4 Nollendorfplatz

19. TTT

MUY CHEAP

SALÓN DE TÉ

En esta tienda-salón de té de ambiente distendido, se elige entre 240 tipos de té que pueden acompañarse con una ración de tarta o alguna pasta expuesta en el escaparate.

···› Los domingos,* brunch *a 8,50 € de 10.00 a 15.00 (vale más reservar).

Goltzstrasse 2, 10781 • 21 75 22 40 • www.teeteathe.de • lu-sa 9.00-20.00, do 10.00-20.00 • U7 Eisenacher Strasse

21. EX 'N' POP

Un bar que recuerda la gran época de la década de 1980, cuando el barrio era todavía el centro de la fiesta en Berlín, en la época en que Iggy Pop y David Bowie rondaban todavía por el barrio. Nada ha cambiado realmente en el interior del Ex 'N' Pop, aseguran los clientes. Sigue siendo un bar antitendencia abierto a la cultura *off*. Una observación: no es un bar para tomar un chocolate caliente con una manta sobre las rodillas.

Potsdamer Strasse 157, 10783 • 21 99 74 70 • lu-do a partir de 22.00-sin hora fija • U7 Kleispark

22. GARAGE KLEIDERMARKT

MUY CHEAP

ROPAVEJERO

Quien tenga previsto ir a este ropavejero, más vale que lleve una maleta suplementaria. Aquí se compra la ropa a kilos (hay que pesarla uno mismo; 14,99 €/kg). Los mejores artículos, no obstante, tienen precio fijo. Zapatos, pantalones, chaquetas, abrigos... Uno siempre encuentra buenas ocasiones para el día a día.

Entre 11.00 y 13.00, la tienda hace un descuento del 30%.

Ahornstrasse 2, 10787 • 211 27 60 • www.kleidermarkt.de • lu-vi 11.00-19.00, sa 11.00-18.00 • U1, U2, U3, U4 Nollendorfplatz

DE COMPRAS

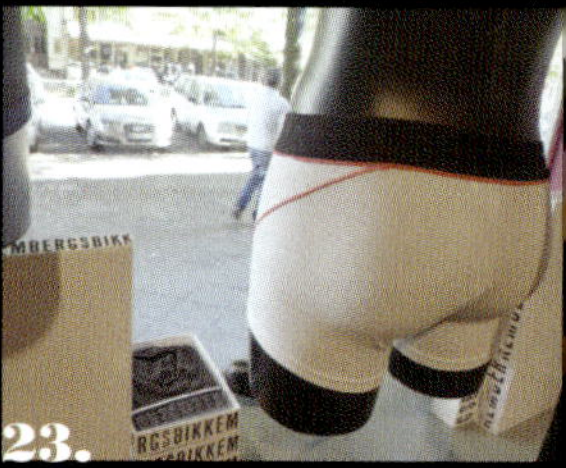
23.

23. BOYZ-R-US

MODA HOMBRE

La boutique gay Boyz-r-us, situada en el barrio gay, ofrece una amplia selección de ropa a la última. Zapatos, pantalones, ropa interior... Todo lo que se necesita para un *look* más bien *sexy*. El trato es excelente. La decoración, cuidadísima, invita a prolongar la visita.

Maassenstrasse 8, 10777 • 23 630 640 • www.boyz-r-us.de • lu-vi 11.00-20.00, sa 10.00-20.00 • U1, U2, U3, U4 Nollendorfplatz

24. MAASSEN ZEHN

VAQUEROS DE MARCA

La dirección perfecta para comprar unos vaqueros baratos (Levi's a partir de 69 €) sin agobios. Los artículos están dispuestos con claridad, las dependientas son competentes y saben lo que uno necesita al primer vistazo.

Maassenstrasse 10, 10777 • 2155456 • www.maassenzehn.de • lu-vi 10.00-19.00, sa 10.00-18.00 • U1, U2, U3, U4 Nollendorfplatz

25. MOBILIEN

'GADGETS' Y OBJETOS DE DISEÑO

Objetos decorativos de diseño, *gadgets*, postales, Mobilien es la tienda ideal para encontrar un *souvenir* o un regalo en el último minuto.

Goltzstrasse 13b, 10781 • 71 53 86 75 • www.mobilien-berlin.de • lu-vi 11.00-19.00, sa 10.00-17.00 • U7 Eisenacher Strasse

26. MAMSELL

BOMBONES

En realidad, hay tres tiendas en Mamsell: la de bombones, la de la vajilla y la del café. La bombonería presenta un amplio surtido de bombones y de chocolates de todo el mundo. Uno puede hacérselos embalar o degustarlos inmediatamente en la terraza con una ración de tarta. El trato es tan agradable, que uno se siente como en familia.

Goltzstrasse 48, 10781 • 92 12 29 00 • lu-vi 10.00-19.00, sa 10.00-17.00, do 14.00-18.00 • U7 Eisenacher Strasse

24.

25.

26.

27. FIRLEFANZ

DECORACIÓN DÉCADAS 1930-1960

Cuando uno ve los objetos de esta tienda, se pregunta a veces si a nuestros predecesores de la década de 1960 no les faltaba un tornillo. En la actualidad, no habría quien se pusiera algunos sombreros y bolsos. Firlefanz ofrece también artículos más decentes: ropa, lámparas, joyas, accesorios y muchas curiosidades de esa época. Los precios son razonables dado que no se pueden encontrar estos objetos en las tiendas de antigüedades. La propietaria siente debilidad por las joyas de fantasía americanas.

Eisenacher Strasse 75, 10823 • 781 74 75 • www.firlefanz-berlin.de • lu-vi 14.30-18.30, sa 11.00-15.00 • U7 Eisenacher Strasse

28. MOTZSTRASSE

ARTÍCULOS GAYS

Esta calle alberga numerosas tiendas de artículos gays y otras de antigüedades.

U1, U2, U3, U4 Nollendorfplatz

29. TERRA MELODICA

DISCOS

Para los enamorados de la música latina se impone una vuelta por esta tienda de discos especializada. Se encuentran CD nuevos, entre otros de salsa, tango, cumbia, *jazz* latino, pero también un extenso surtido de músicas del mundo, de todos los países de Amércia Latina y de España, Portugal o Cabo Verde.

Grunewaldstrasse 73, 10823 • 78703605 • www.terra-melodica.de • lu-vi 11.00-19.00, sa 11.00-16.00 • U7 Eisenacher Strasse

Kreuzberg

TURCO, 'TRASH', ALTERNATIVO

Después de la caída del Muro, se temía que este barrio mítico de *okupas* y artistas conociera una decadencia cultural. Pues no. Kreuzberg ha regresado con fuerza al escenario alternativo. Mientras sus competidores del Este de Prenzlauer Berg y Friedrichshain se aburguesan, Kreuzberg ha recuperado su poder de atracción. El barrio desborda de miles de tiendecillas y cafés. Con un tercio de la población de origen turco, la llaman también la "pequeña Estambul". Situado en la actualidad en medio de la ciudad (en la época del Muro estaba en el fin del mundo), Kreuzberg está hoy día sometido a una presión sobre los precios que obligan a las poblaciones más modestas a abandonar el centro.

EPICENTROS

EL BARRIO 'BOBO': alrededor de Bergmannstrasse
EL BARRIO TURCO Y ALTERNATIVO: alrededor de Oranienstrassse
EL BARRIO QUE SE MUEVE: alrededor de Wrangelstrasse y de Schlesische Strasse

ESENCIALES

MUSEO JUDÍO/⊙5: el sorprendente edificio añadido al museo en 1999 por Daniel Libeskind es uno de los logros arquitectónicos de la capital. El museo alberga 2000 años de historia de los judíos en Alemania (véase p. 158).
AEROPUERTO DE TEMPELHOF/⊙1: fue el mayor aeropuerto de Europa a comienzos del s. XX y el teatro de la mayor operación aerotransportada de la historia (véase p. 156).
MERCADO ORIENTAL/⊙6: una mezcla de culturas al borde del canal (véase p. 158).

Confidencial

CAFÉ AM ENGELBECKEN/18: con su increíble decoración a base de cemento, de piedras viejas y de vegetación, es el lugar más hermoso del centro para desayunar tranquilamente al sol (véase p. 162).
'KREUZKÖLLN'/⊙38: en el límite de Kreuzberg y de Neukölln (de aquí el nombre), es el barrio en auge, con todos sus cafés alrededor de la Reuter Platz y a lo largo de la c. Weser.
BARRIO DE LOS ARTISTAS BETHANIEN/⊙3: lugar mítico de los *okupas,* de las revueltas estudiantiles y de las intervenciones policiales contundentes, el Bethanien es en la actualidad un modelo de centro cultural autogestionado, en un edificio hermosísimo (véase p. 157).
CENTRO CULTURAL DEL ARENA/⊙36: este complejo cultural está instalado en un erial industrial a orillas del río, con una magnífica piscina sobre el Spree (Badeschiff).
CHAMISSOPLATZ/⊙37: esta plaza y las calles adyacentes nos dan una idea de lo que podía ser Berlín en 1900.

Alte Jakobstrasse
Oranienstrasse
Lindenstr.
Ritterstrasse
Alexandrinenstr.
MORTZPLATZ
PRINZENSTRASSE
STRASSE
HALLESCHES TOR
GLEISDREIECK
8
5
GITSCHINE STRASSE
Möckern Str.
Grossbeerenstr.
BLÜCHER STRASSE
PRINZEN
11
N34
YORCKSTRASSE
YORCKSTRASSE
YORCKSTRASSE
MEHRINGDAMM
Zossenerstr.
GNEISENAU-STRASSE
URBAN STRASSE
BAERWALD STR.
32
19
2
29
Nostitzstr.
GNEISENAUSTRASSE
SÜDSTERN
Kreuzbegstr.
9
28
31
Bergmannstrasse
Katzbachstr.
17
37
MEHRINGDAMM
Fidicinstrasse
Jüterbogerstr.
PLATZ DER LUFTBRÜCKE
Lillenthalstrasse
DUDEN STRASSE
Platz der Luftbrücke
COLUMBIADAMM
1
TEMPELHOFER DAMM
500 m

Visitas
Comer
De copas
De compras
Salir (véase capítulo específico p. 181)
N21
N20
HEIRICH-HEINE-STRASSE
Heinrich-Heine Str.
Adalbert Str.
18
7
Manannenplatz
3 12
15
Waldemarstrasse
Köpenicker Strasse
Spree
Manteuffelstr.
Püklerstr.
30
34
4
N24
25
14
N22
SCHLESISCHES TOR
13
20
10
Wassertorstr.
22
GÖRLITZER BAHNHOF
Strasse
Schlesischestr.
N25
Skalitzer
24
Wrangelstr.
N33
KOTTBUSSER TOR
23
Görlitzerstrasse
26
36
Kohlfurterstr.
Kottbusser
33
Reichenbergerstrasse
Wienerstrasse
21
27, N23
Adalberstr.
16
Glogauerstr.
Dieffenbach Str.
35
SCHÖNLEINSTRASSE
PAUL-LINKE-UFER
6
Maybachufer
Lohmühlenstrasse
Urban Strasse
Graefestrasse
Strasse
Reuter Strasse
Pannierstr.
Puschestrasse
38
Hasenheide
HERMANNPLATZ
Weser Strasse
Weichselstrasse
Karl-Marx-Strasse
Sonnenallee
Hermannstr.
Columbiadamm
1 Aeropuerto de Tempelhof

VISITAS

Kreuzberg no es solo una "pequeña Estanbul". Basta con salir de Oranienstrasse con sus tiendas turcas y sus cafés desvencijados para descubrir islotes de serenidad: el Görlitzer Park, la granja de los niños, el barrio de los artistas Bethanien, el estanque de Michaelkirchplatz...

1. AEROPUERTO DE TEMPELHOF

Construido en la década de 1920 y ampliado por los nazis, el antiguo aeropuerto de Tempelhof fue la cuna de la aviación alemana. Es también uno de los lugares más míticos de la guerra fría. Los presidentes Kennedy, Nixon y Reagan aterrizaron aquí, en la terminal del puente aéreo (1948-1949), una operación aérea única en la historia, que permitió salvar a Berlín Oeste del bloqueo comunista. El Ayuntamiento de Berlín sigue sin saber qué hacer con este gigantesco edificio público de 386 Ha, cerrado en el 2008 (véase también p. 10).

Hay que ir a las antiguas pistas de aterrizaje que han sido invadidas por los berlineses. Se han convertido en un gran parque de esparcimiento y de actividades deportivas. Es impresionante todo este espacio libre en el centro de la ciudad.

Tempelhofer Damm 1-7, 12101 • www.flughafen-berlin-tempelhof.com • visita guiada lu-vi 16.00, vi 13.00 y 16.00, sa-do 11.00 y 14.00, parque amanecer-anochecer • **visita 12 €** (reservas en el 01805 288 244 o in situ antes de la visita) • Ⓤ6 Platz der Luftbrücke

2. MUSEO DE LOS HOMOSEXUALES

Se accede al Schwulesmuseum por un porche: al fondo de un patio, ocupa las dos alas de un edificio. La exposición permanente, en el primer piso, está dedicada a la historia de la homosexualidad, a su edad de oro y a sus persecuciones. Disponen de un folleto en español. El museo ofrece también numerosas exposiciones temporales en la planta baja y en el 2º piso.

Schwulesmuseum • Mehringdamm 61, 10961 • 69 59 90 50 • www.schwulesmuseum.de • lu-do excepto ma 14.00-18.00, sa 14.00-19.00 • **adultos/reducida 5/3 €** • Ⓤ6, Ⓤ7 Mehringdamm o Ⓤ7 Gneisenaustrasse

3. BARRIO DE LOS ARTISTAS BETHANIEN

El antiguo hospital religioso (1847) ocupado por el Bethanien está situado en Mariannenplatz, el gran punto de concentración de las manifestaciones de *okupas* de Berlín Oeste en las décadas de 1970-1980. El Bethanien es conocido en toda Alemania por haber sido *okupado* como protesta contra su privatización. Habitado desde entonces por artistas de todo el mundo, se ha convertido en un modelo de centro cultural autogestionado de acuerdo con la ciudad. En sus locales cohabitan: una escuela de música, un restaurante (3 Schwestern, p. 160), talleres de artistas, una imprenta, asociaciones caritativas, así como exposiciones de arte contemporáneo. Sorprendente.

→ La Kunstraum (902 981 455; www.kunstraumkreuzberg.de; lu-do 12.00-19.00; entrada libre), galería colectiva de arte contemporáneo instalada en la planta baja, organiza 6 exposiciones al año (también hay visitas guiadas).

Kunstquartier Bethanien • Mariannenplatz 2, 10997 • 493 06 3 37 • www.kunstquartier-bethanien.de • lu-do 8.00-24.00 • entrada libre • Ⓤ1, Ⓤ8 Kottbusser Tor • autobús 140

4. MUSEO DE LAS COSAS

En este museo uno encuentra todos los objetos de la vida cotidiana del s. XX. Teléfonos, juguetes, muebles, vajillas... sorprende hasta qué punto las cosas cambian en 100 años. Los de más edad reconocerán algunos objetos de su infancia y podrán explicar su universo a los más pequeños. También programan exposiciones temporales.

Museum der Dinge • Oranienstrasse 25, 10999 • 92 10 63 11 • www.museumderdinge.de • lu, vi-do 12.00-19.00 • adultos/reducida 4/2 € • Ⓤ1, Ⓤ8 Kottbusser Tor

5. MUSEO JUDÍO

Ampliado por Daniel Libeskind en 1999, el Jüdisches Museum es uno de los lugares más visitados de Berlín. El ala añadida al edificio barroco es rica en interpretaciones. La fachada de cinc rayado con espacios vacíos y líneas truncadas y torturadas del edificio evoca las relaciones de los judíos con Alemania. El jardín del Exilio y los ejes subterráneos se suman a esta armoniosa interconexión de la arquitectura con el contenido del museo. El museo no se concentra en las persecuciones, sino en los 2 000 años de historia de los judíos de Alemania.

Los lunes, el restaurante del museo (Liebermanns) ofrece un concierto de música* yiddish *entre las 18.00 y las 22.00 (24 €, bufé oriental y copa de vino incl.).

Jüdisches Museum • Lindenstrasse 9-14, 10969 • 25 99 33 00 • www.jmberlin.de • lu 10.00-22.00, ma-do 10.00-20.00 • adultos/reducida 5/2,50 € • U6 Kochstrasse o U1, U6 Hallesches Tor

6. MERCADO ORIENTAL

Se encuentra de todo en este mercado. Verduras, carne, quesos, especias, pero también ropa. Es uno de los lugares más activos y de mayor colorido del barrio. Mujeres con velo, jubilados, *bobos* o *hippies*... es el símbolo de la cohabitación pacífica de las culturas que da todo su encanto a Kreuzberg.

Orientalischer Markt • Am Maybachufer (al sur del canal) • ma y vi 12.00-18.30 • U1, U8 Kottbusser Tor o U8 Schönleinstrasse

7. GRANJA DE LOS NIÑOS

Una granja asociativa en pleno centro urbano, esto es Kreuzberg en estado puro. Aquí los niños pueden alimentar y acariciar ponis, ovejas, conejos, cerdos, gallinas, ocas. El lugar merece una visita y no solo con niños. El Muro pasaba antaño frente a la granja. Es la ocasión de dar un paseo a lo largo de la antigua frontera.

Kinderbauernhof • Adalbertstrasse 67/68, 10999 • www.kinderbauernhofberlin.de • lu-do excepto mi 10.00-19.00 (10.00-17.00 invierno), sa-do 11.00-18.00 (11.00-17.00 invierno) • **entrada libre (se agradecen donativos)** • Ⓤ1, Ⓤ8 Kottbusser Tor

8. MUSEO ALEMÁN DE LA TÉCNICA

Este antiguo museo interactivo de 14 secciones apasiona sobre todo a los niños. Los adultos también disfrutarán lo suyo si les interesa la historia de la técnica, desde las locomotoras hasta los sistemas de navegación GPS.

Deutsches Technikmuseum • Trebbiner Strasse 9, 10963 • 90 25 40 • www.sdtb.de • **adultos/reducida 4,50/2,50 €** • mi-vi 9.00-17.30, sa-do 10.00-18.00 • Ⓤ1, Ⓤ2 Gleisdreieck

COMER

9. MILAGRO

INTERNACIONAL

Milagro es un clásico de Bergmannstrasse, el barrio *bobo* de Kreuzberg. Atrae también a los turistas. Se comprende: es ideal para tomar un desayuno tardío o un almuerzo sin arruinarse hasta las 16.00 (sopa 3,90 €, segundos 7-12,50 €), en una atmósfera de cervecería con ligero acento francés.

Bergmannstrasse 12, 10961 • 692 23 03 • www.milagro.de • lu-do 9.00-1.00 • Ⓤ6, Ⓤ7 Mehringdamm o Ⓤ7 Gneisenaustrasse

11. A. HORN

INTERNACIONAL

Nada mejor que este café-restaurante a orillas del canal para pasar un rato tranquilo. La gente acude aquí en familia para picar *cookies, muffins* o *bagels* preparados en una cocina abierta.

···› *A mediodía, el chef elabora ensaladas, pastas y sopas a la vista de los clientes por menos de 10 €.*

Carl-Herz-Ufer 9, 10961 • 0177-293 72 85 • lu-vi 8.00-22.00, sa-do 9.00-22.00 • Ⓤ1 Prinzenstrasse

10. HASIR

MUY CHEAP

TURCO

Fue en este restaurante donde se vendió el primer *döner kebab* de Europa a comienzos de la década de 1970. Desde entonces, en Alemania, este bocadillo turco se vende más que las hamburguesas. Hasir ha obtenido varias veces el premio al mejor kebab de Berlín. Lo merece sobradamente. El pan está crujiente, la ensalada fresca y la carne bien cocida (para llevar o para degustar in situ, 2,50 €). Desde entonces, han visto la luz seis sucursales en la capital.

Adalbertstrasse 10, 10999 • 614 23 73 • www.hasir.de • lu-do 24 h • Ⓤ1, Ⓤ8 Kottbusser Tor

12. 3 SCHWESTERN

EUROPEA

El "restaurante de las 3 hermanas" se encuentra en el barrio de los artistas (p.157). El restaurante encarna este nuevo Kreuzberg, modernizado y de tendencia *bobo*. Ofrece una cocina familiar de calidad a precios muy asequibles (plato del día 6,50 €, platos 12-16 €). La decoración, inspirada en el pasado religioso del lugar, ha sabido jugar con la sobriedad, los hermosos volúmenes y los ángulos redondeados de la sala.

···› *Hay que aprovechar para dar una vuelta por el centro cultural Bethanien y especialmente por la Kunstraum (véase p. 157).*

Mariannenplatz 2, 10997 • 60 03 18 60 10 • www.3schwestern-berlin.de •ma-do a partir de 11.00 (sa-do desayuno hasta 16.00) • Ⓤ1, Ⓤ8 Kottbusser Tor

13. RIO GRANDE

AUSTRÍACO

Aquí se viene sobre todo por la vista sobre la East Side Gallery (véase p. 172) y el Spree, rebautizado Rio Grande por la dueña. ¿Por qué? "¡una idea como cualquier otra!" bromea con su ligero acento austríaco. El ambiente es "nuevo chic" en este barrio más bien *trash*. La carta ofrece exclusivamente platos austríacos (platos 11,50-18,50 €).

A mediodía, ofrece un menú a 7,20 € (2 platos) o 9,20 € (3 platos).

May-Ayim-Ufer 9, 10997 • 61 07 49 81 • www.riogrande-berlin.de • lu-do 9.30- 24.00 (servicio hasta 23.00) • U1 Schlesisches Tor

14. WELTRESTAURANT MARKTHALLE

ALEMÁN

Siempre está lleno y las camareras suelen estar desbordadas. Hay que instalarse en la gran barra y esperar un sitio tomando una cerveza. Ubicado en uno de los numerosos antiguos mercados cubiertos de Kreuzberg, el Weltrestaurant ofrece platos tradicionales alemanes muy buenos (sopas 3,60 €, platos 7,50-12 €). El fin de semana se puede ir directamente abajo al Privatclub, un local nocturno con muy buen ambiente.

El menú del almuerzo (segundo con entrante o postre) cuesta 7,50 € (lu-vi 12.00 16.00).

Pücklerstrasse 34, 10997 • 617 55 02 • www.weltrestaurant-markthalle.de • lu-do a partir de 10.00 • U1 Görlitzer Bahnhof

15. MAX UND MORITZ

ALEMÁN

Es uno de los restaurantes más antiguos de Berlín. La decoración es la original y los platos, típicamente alemanes. "Aquí servimos auténticas raciones. Nada que ver con la nueva cocina" subraya el dueño. Codillo, chucrut, bandeja de charcutería... puede decirse que nadie se queda con hambre y a precios razonables (tartas flambeadas 6-9 €, platos 9-15 €).

Max und Moritz son dos granujillas de un cómic alemán del poeta y dibujante Wilhelm Busch, famoso dibujante y poeta alemán.

Oranienstrasse 162, 10969 • 69 51 59 11 • www.maxundmoritzberlin.de • lu-sa 18.00-2.00, do 12.00-3.00 • U8 Moritzplatz

16. VOLT

NUEVA COCINA ALEMANA

Situado a orillas del canal en un barrio muy agradable, en un antiguo almacén de grandes volúmenes, el Volt es un clásico. Es chic, pero como estamos en Kreuzberg, el ambiente es relajado. El chef es un adepto de la nueva cocina alemana y se atreve con combinaciones sorprendentes como el conejo nuevo con vieiras marinadas, pero también le gustan los platos tradicionales. Hay que dejarse tentar por un menú sorpresa a 32-38 € (3/4 platos; 49/55 € con los vinos adecuados).

Paul-Linke-Ufer 21, 10999 • 61 07 40 33 • www.restaurant-volt.de • lu-sa 18.00-1.00 (servicio hasta las 23.00) • U8 Schönleinstrasse

DE COPAS...

18.

19.

17. GOLGATHA

'BIERGARTEN' CON BAILE

Este café sorprendente se encuentra en lo alto de una colina del Viktoriapark. Se bebe, se come, se baila, todo ello en un ambiente muy familiar durante el día (acaban de abrir una gran zona de juegos infantiles justo al lado). De noche está más animado. Nada mejor para tomar una copa al aire libre, en el *biergarten* o en las terrazas superiores, sobre todo cuando el cielo está despejado y la luna brilla sobre Berlín.

···› ***El parque con sus cascadas también merece un paseo diurno.***

Dudenstrasse 40 (en el Viktoriapark), 10965 • 785 24 53 • www.golgatha-berlin.de • abierto abr-sep, lu-do 10.00-6.00 • Ⓤ7 o Ⓢ-Bahn Yorkstrasse, Ⓤ6 Platz der Luftbrücke

18. CAFÉ AM ENGELBECKEN

MUY CHIC

CAFÉ

Hay que ir al amanecer o al atardecer. La terraza, rodeada de juncos, da sobre un gran estanque renovado en el 2006, situado en medio de los bloques de viviendas protegidas de Kreuzberg. Un paisaje alucinante. En invierno, uno se calienta dentro, pero también es agradable para tomar un capuchino (2,10 €) o beber una cerveza (2,90 €).

Michaelkirchplatz, 10179 • 28 37 68 16 • www.cafe-am-engelbecken.de • lu-do 10.00-24.00 • Ⓤ8 Heinrich-Heine-Strasse

19. JUNCTION BAR

CAFÉ-CONCIERTO

Este bar ha sido uno de los principales centros del *jazz* en Berlín, si bien la oferta musical se ha ampliado con el *rock*, el *blues* y el *soul*. Después de los conciertos (2-3 semanales), un DJ se instala en los platos y calienta la pista.

Gneisenaustrasse 18, 10961 • 694 66 02 • www.junction-bar.de • conciertos lu-vi/fin de semana a partir de 21.00/22.00, DJ 23.30-5.00/0.30-sin hora fija • **conciertos lu-vi/fin de semana 5/6 €, DJ 3/4 €** • Ⓤ6, Ⓤ7 Mehringdamm o Ⓤ7 Gneisenaustrasse

20. WÜRGEENGEL

BAR

El lugar con más estilo de Kreuzberg. Llamado así por la película de Luis Buñuel *El ángel exterminador*, este bar es muy apreciado por los cinéfilos. Numerosos clientes acuden aquí a tomar una copa después de ver la película del cine Babylon (uno de los pocos que programan películas en V.O.), justo al lado. Los cócteles están hechos por profesionales (a partir de 7 €).

Dresdener Strasse 122, 10999 • 615 55 60 • www.wuergeengel.de • lu-do 19.00-sin hora fija • U1, U8 Kottbusser Tor

21. ANKERKLAUSE

'PUB'

Un clásico de las salidas nocturnas por Kreuzberg. Situado al borde del canal, este bar está siempre lleno a partir de medianoche. Es más bien simpático, sobre todo cuando hay que abrirse paso entre la muchedumbre para alcanzar la barra (cerveza 30 cl 1,80 €). Hay que resignarse a estar de pie entre esta alegre barahúnda, pero es una ocasión para conocer gente. Hay que ir el jueves, la noche más animada de la semana (velada con DJ, entrada 3 €).

··· *Sirven desayunos a partir de las 10.00.*

Kottbusser Damm 104, 10967 • 693 56 49 • www.ankerklause.de • lu 16.00-3.00, ma-do 10.00-3.00 • U1, U8 Kottbusser Tor o U8 Schönleinstrasse

22. MILCHBAR

BAR

Un bar demasiado oscuro, una barra demasiado larga, una música demasiado fuerte, unos camareros demasiado gruñones y, en cambio, resulta agradable. Estamos en el Kreuzberg histórico de los bares de noche *trash*. Todo el mundo conoce el Milchbar. Se sale de allí de madrugada, aturdido. La cerveza de medio litro cuesta 3 €.

··· *En octubre se celebra también la fiesta de la cerveza.*

Manteuffelstrasse 41, 10997 • 611 70 06 • www.milchbar-berlin.de • lu-do 17.00-sin hora fija • U1 Görlitzer Bahnhof

23. WIENER BLUT

BAR

Un gran clásico de Wienerstrasse. El Wiener Blut es un bar típico de Kreuzberg, ruidoso y simpático. La decoración no ha cambiado desde hace 20 años. El bar es el punto de reunión de los aficionados –moderados– al fútbol (abierto a las 15.00 el sábado para los partidos de la Bundesliga). Un DJ pincha los jueves para darle alegría al cuerpo. El sábado es la fiesta sin hora de cierre.

Wiener Strasse 14, 10999 • 618 90 23 • lu-sa 18.00-sin hora fija, do a partir de 16.00 • U1 Görlitzer Bahnhof

24. MORENA BAR

CAFÉ

Se trata de uno de los cafés más elegantes de Kreuzberg, con sus azulejos. Aquí se viene para relajarse y leer el diario. El Morena es un lugar donde se pide más bien un batido de chocolate que una cerveza. A través de sus amplias vidrieras se puede observar toda la fauna de este barrio con tanta personalidad.

También sirven excelentes desayunos.

Wiener Strasse 60, 10999 • 6113578 • www.cafe-morena.de • lu-do 9.00-2.00 • U1 Görlitzer Bahnhof

25. BATEAU IVRE

CAFÉ

Situado en el corazón de Kreuzberg, el Bateau Ivre (llamado así por el famoso poema de Rimbaud) atrae a una muchedumbre abigarrada. Cerca de la barra, se puede observar a los juerguistas del barrio que pasan por la calle. En el altillo se está más tranquilo para charlar. Un lugar agradable para acabar la velada o para empezarla. Siempre está lleno.

Oranienstrasse 18, 10999 • 61 40 36 59 • lu-do 9.00-3.00 • U1 Görlitzer Bahnhof

26. HEINZ MINKI

'BIERGARTEN'

El café no es muy visible desde el exterior. No obstante, detrás de la pared de ladrillo se oculta un pequeño oasis de vegetación. Un jardín idílico, sombreado por antiquísimos frutales... Una clientela ecléctica y muy campechana aprovecha este remanso de paz que abre con los primeros rayos de sol (y su barbacoa en verano). Cerca de la barra, en el interior, se puede jugar al futbolín.

Vor dem Schlesischen Tor 3, 10997 • 69 53 37 66 • www.heinzminki.de • lu-do a partir de 12.00 (verano), vi-sa a partir de 19.00, do a partir de 12.00 (invierno) • Ⓤ1 Schlesisches Tor

27. CLUB DER VISIONÄRE

BAR DE VERANO

Ambiente garantizado en este bar construido a orillas del agua. Desde el mes de mayo, el "club de los visionarios" atrae a toda la juventud a la última de Berlín, que acude aquí a aprovechar la frescura del canal y tomar una copa en la terraza, encima del agua. Para calmar un brote de gana, el bar ofrece *pizzas* cocidas en horno de leña (bastante buenas).

Si no se encuentra sitio, hay otros cafés del mismo tipo a lo largo del canal.

Am Flutgraben 1, 12435 • 69 51 89 42 • www.clubdervisionaererecords.com • abierto el 1 may-fin sep, lu-vi 14.00-sin hora fija, sa-do 12.00-sin hora fija • Ⓤ1 Schlesisches Tor

28. MARHEINEKE MARKTHALLE

MERCADO CUBIERTO

Totalmente renovado y modernizado, el mercado abierto de Marheineke sigue siendo uno de los puntos de encuentro de los habitantes del barrio *bobo* de Bergmannstrasse. Reúne numerosos puestos de productos regionales, internacionales y de cultivo biológico.

→ ***Se puede comer un bocado en uno de sus numerosos* snacks *(falafels, bufé con productos ecológicos, italianos, helados...).***

Marheinekeplatz, 10961 • 398 96 10 • www.meine-markthalle.de • lu-vi 8.00-20.00, sa 8.00-18.00 • Ⓤ6, Ⓤ7 Mehringdamm o Ⓤ7 Gneisenaustrasse

DE COMPRAS

29. DOCURA

CHOCOLATES DEL MUNDO

Que no cunda el pánico ¡habrá chocolate para todo el mundo! De la tableta vendida en el supermercado suizo a los bombones belgas de primera calidad, pasando por los chocolates brasileños, esta tiendecilla reúne chocolates de todo el planeta a todos los precios. Ideal para regalos.

Zossener Strasse 20, 10961 • 81 79 73 99 • www.docura-berlin.de • lu-vi 11.00-19.00, sa 11.00-16.00 • Ⓤ6, Ⓤ7 Mehringdamm o Ⓤ7 Gneisenaustrasse

30. FRITZ SCHMUCK

JOYERÍA-TALLER

Fritz es el nombre del dueño, fabrica sus joyas y vende también las de otros creadores en un magnífico taller que da directamente a Oranienplatz. Trabajan cada día bajo la mirada de los viandantes. ¡No está prohibido entrar!

→ ***En la tienda organizan también exposiciones temporales.***

Dresdener Strasse 20, 10999 • 615 17 00 • www.schmuckfritz.de • lu-vi 10.00-19.00, sa 11.00-18.00 • Ⓤ1, Ⓤ8 Kottbusser Tor

31. SCHMUCKGALERIE AQUAMARIN

MUY CHIC

JOYERÍA

Lucie Schnurrer ha organizado su tienda como una galería. Expone cientos de piezas de creadores alemanes y europeos, de los más clásicos a los más excéntricos.

Bergmannstrasse 20, 10961 • 693 34 40 • www.schmuckgalerie-aquamarin.de • lu-vi 11.00-19.00, sa 11.00-16.00 • Ⓤ7 Gneisenaustrasse

32. BONNIE UND KLEID

MODA RETRO DE OCASIÓN

Nada más fácil que pasar de largo frente a la entrada de esta tienda situada en un sótano. Desde la calle, nada hace adivinar esta cueva de Alí Babá subterránea, con pasillos repletos de los objetos más demenciales. Bonnie & Kleid ("vestido" en alemán) vende prendas, zapatos, vinilos y un montón de objetos que uno nunca hubiera imaginado antes de entrar.

Gneisenaustrasse 9, 10961 • 69 50 96 84 • lu-sa 12.00-20.00 • Ⓤ6, Ⓤ7 Mehringdamm o Ⓤ7 Gneisenaustrasse

30.

32.

34.

33. HARD WAX

VINILOS 'TECHNO'

Esta tienda de discos es una auténtica institución. Abierta justo después de la caída del Muro, Hard Wax creció con el movimiento *techno*. Los DJ del mundo entero acuden aquí, al tercer piso de este patio trasero de Kreuzberg para descubrir los sonidos del futuro. Auténtico templo del *techno*, se encuentran auténticas joyas entre las infinitas hileras de los cajones.

···› ***Posibilidad de envíos internacionales.***

Paul-Linke-Ufer 44a, 10999 • 61 13 01 11 • www.hardwax.com • lu-sa 12.00-20.00 • Ⓤ1, Ⓤ8 Kottbusser Tor

34. LOUPIOTTE

LÁMPARAS

De tendencia francófila, Catherine Grigull ha llamado a su tienda Loupiotte ("criatura" en francés). Sus bonitas lámparas de papel, con líneas gráficas y poéticas, decoran varios cafés de Berlín, entre ellos el Bateau Ivre (véase p. 164). Una tienda pequeña llena de ideas luminosas a todos los precios.

Dresdener Strasse 20, 10997 • 23 61 61 31 • www.loupiotte-leuchten.de • mi-vi 11.00-19.00, sa 11.00-16.00 • Ⓤ1, Ⓤ8 Kottbusser Tor

35. KADÓ

REGALICES

Una tienda maravillosa, como las de las abuelas, repleta de grandes frascos de cristal que desbordan de regalices de todos los tamaños y colores. Los regalices se pagan a peso y se sirven en papelinas de papel.

···› ***Kadó está también presente en los mercados de Kollwitzplatz y de Winterfeldplatz (sa 9.30-15.30).***

Graefestrasse 20, 10967 • 69 04 16 38 • www.kado.de • ma-vi 9.30-18.30 • Ⓤ8 Schönleinstrasse

Friedrichshain

CHIC Y REBELDE

Los que vinieron a Friedrichshain después de la caída del Muro no reconocerán prácticamente nada en la actualidad. El antiguo barrio proletario de Alemania del Este, antaño ennegrecido por el humo de las calefacciones de carbón, ha sufrido una radical renovación. Friedrichshain ha recuperado los colores con sus cafés y sus tiendas a la última, pero el barrio ha sabido conservar su toque rebelde. Los grafitis siguen floreciendo en las paredes y los últimos *okupas* todavía consiguen sobrevivir a la voracidad de los promotores y a las intervenciones de la policía. ¿Hasta cuándo?

EPICENTROS

EL BARRIO A LA ÚLTIMA: Simon-Dach-Strasse y Boxhagener Platz
EL BARRIO DEL MURO: a lo largo del río Spree
EL BARRIO CHIC Y REBELDE: alrededor de Samariterstrasse

ESENCIALES

EAST SIDE GALLERY/⊙1: un paseo a lo largo de este fragmento de Muro transformado en galería al aire libre nos permite sentir lo que representaba la división de la ciudad (véase p. 172).

SEDE DE LA STASI/⊙4: una visita al Museo de la Stasi, en el corazón del sistema de vigilancia de la población. Nos permite comprender todas las aberraciones de la dictadura comunista (véase p. 173).

KARL-MARX-ALLEE/⊙5: este gigantesco bulevar, una de las avenidas más anchas de Europa, ha conservado su toque soviético entre Frankfurter Tor y "Alex" (Alexander Platz). Véase p. 68.

Confidencial

MEMORIAL SOVIÉTICO/⊙6: escondido en medio de un gran parque, este gigantesco monumento a la gloria de los soldados del Ejército Rojo encarna por sí solo el delirio de la propaganda soviética (véase p. 173).

PARQUE DE FRIEDRICHSHAIN/⊙3: para darse una vuelta por uno de los parques más relajantes de la capital (véase p. 173).

CENTRO CULTURAL ALTERNATIVO CASSIOPEIA/18: cuando los jóvenes berlineses toman al asalto una estación abandonada (véase p. 177).

KNORRPROMENADE/⊙29: la calle más hermosa del barrio de la Boxahagener Platz es una invitación al viaje al Berlín de antaño.

Am Friedrichshain
Danziger Strasse
Landsberger Allee
Friedenstrasse
Strasse
Lichtenberger
Palisadenstrasse
Strausberger Platz
Weidenweg
Weberwiese
Karl - Marx - Allee
Frankfurter Tor
Richard-Sorge-Strasse
Petersburger Strasse
Ebertystrasse
Hausburgstrasse
Thaerstrasse
Krautstrasse
Singerstr.
Koppenstrasse
Rudersdorfer Str.
Kommune
Marchlewskistrasse
Grunberger Strasse
Kopernikusstr.
Warschauer Strasse
Holzmarktstr.
Andreasstrasse
Ostbahnhof
Stralauer Pl.
Strasse Der Pariser
Revaler
Muhlenstrasse
Rudolfstr.
Ehrenberg Str.
Stralauer
Spree
14
3
27
12
11
21
5
25
N26
N42
20
16
N27
18
1
8
2
26

Visitas
Comer
De copas
De compras
Salir (véase capítulo específico p. 181)
STORKOWER STRASSE
Storkower Strasse
Hermann-Blankenstein-Strasse
Scheffelstrasse
Bornitzstr.
Eldenaer Strasse
13
Bänschstrasse
Pettenkoferstrasse
Mollendorffstrasse
Ruschestrasse
gaer Strasse
Proskauer Str.
19
SAMARITER STRASSE
Normannenstrasse
FRANKFURTER ALLEE
4
Frankfurter Allee
MAGDALENEN STRASSE
22
Colbestr.
Str.
Str.
Str.
Scharnweberstrasse
Boxhagener Strasse
Jung
Weichsel
Jessner
Gurtelstrasse
Schulze-Boysen-Str.
5
10
28
Gartnerstr.
9
Wuhlisch Strasse
Weserstrasse
Wiesenweg
23
17
Simplonstr.
Strasse
Pfarrstrasse
Markt str.
OSTKREUZ
Hauptstrasse
Persiusstr.
Markgrafendamm
ee
TREPTOWER PARK
A 6 en Treptower Park
500 m

VISITAS

No hay mejor lugar para sumergirse en el paréntesis comunista de Alemania del Este: Karl-Marx-Allee, la sede de la Stasi, el Muro de la Vergüenza en la East Side Gallery, la antigua frontera del Oberbaumbrücke y, por último, el gigantesco memorial soviético perdido en el parque de Treptow... el pasado comunista visitado en una tarde.

1. EAST SIDE GALLERY Y EL EAST SIDE PARK

En la primavera de 1990, cuando Alemania y Berlín todavía no estaban unificadas, 118 artistas de 21 países acudieron a pintar una porción del Muro de 1,3 kilómetros. En la actualidad está considerada como la mayor galería de arte al aire libre del mundo. En el 2009, 87 artistas volvieron a pintar el Muro por segunda vez. Desde el 2007, las riberas del Spree detrás de la East Side Gallery fueron habilitadas como espacio de esparcimiento. Antaño, el East Side Park era patrullado por la policía de fronteras de la RDA (vopos). El camino de ronda ha sido conservado como testimonio de la historia.

→ *La East Side Gallery es un monumento histórico desde 1991. No es, pues, aconsejable desprender un trozo como recuerdo.*

www.eastsidegallery-berlin.de • Ⓤ1 o Ⓢ-Bahn Warschauer Strasse • tranvía M10 (final)

2. OBERBAUMBRÜCKE – ANTIGUA FRONTERA

Este puente neogótico de finales del s. XIX sobre el que pasa el metro Ⓤ1 fue el símbolo de la ciudad durante 28 años. Era el punto de paso al Este para los berlineses del Oeste (los extranjeros pasaban por el Checkpoint Charlie). La vida ha recuperado su ritmo alrededor de este puente de 150 m que une Friedrichshain y Kreuzberg.

→ *Un día de julio tuvo lugar la guerra de los tomates podridos, una batalla en el puente con ropa de fantasía. ¿Las armas? Fruta y verduras podridas.*

Ⓤ1 o Ⓢ-Bahn Warschauer Strasse • tranvía M10 (final)

3. PARQUE DE FRIEDRICHSHAIN

Un parque maravilloso. En el Volkspark Friedrichshain se congregan ciudadanos de todas las clases sociales. Aquí acuden las familias para descansar. La colina (monte Klamott) en el centro es un antiguo búnker destruido con explosivos en 1946 y recubierto de escombros. Algunos paneles de muro todavía son visibles. Se puede subir a pie a lo alto, pero cuidado, hay mucha pendiente. En el extremo noroeste de este parque de 49 Ha se encuentra el estanque neobarroco decorado con estatuas de la fuente de las Fábulas (Märchenbrunnen), construida en 1913.

···› ***El parque cuenta con tres memoriales: el de los combatientes en la guerra civil española, el de Federico el Grande, reconstruido en el 2000, y el de los combatientes antifascistas polacos y alemanes (muy impresionante).***

Volkspark Friedrichshain • 24 h • tranvía M4, M10 • Bus 200

4. SEDE DE LA STASI

Una visita a la sede de la Stasi nos sumerge en el corazón de un instrumento ideológico al servicio de una dictadura. Al mando de este "ejército en la sombra", había 61 generales dirigidos por el tristemente célebre Erich Mielke. Entre 1950 y 1898, el número de empleados pasó de 2700 a 90 000 personas, un monstruo administrativo que trabajaba en estrecha colaboración con los "soplones" de la población.

Stasimuseum • Ruschestrasse 103, Haus 22 (edificio nº 22), 10365 • 553 68 54 • www.stasimuseum.de • lu-vi 11.00-18.00, sa-do 14.00-18.00 • adultos/reducida 5/4 € • Ⓤ5 Magdalenenstrasse

5. FRANKFURTER TOR

Estamos en Karl-Marx-Allee, una gran arteria, de las más anchas de Europa, que lleva a Alexander Platz. En el nº 131, el cine Kosmos era el cine más grande y de más prestigio de la RDA. Entre los edificios catalogados como monumentos históricos, se han conservado antiguas tiendas del Este. Este es uno de los últimos lugares auténticos de la época comunista (véase también p. 68).

Ⓤ5 Frankfurter Tor • tranvía M10

6. MEMORIAL SOVIÉTICO

En el corazón del Treptower Park, este gigantesco memorial dedicado a los combatientes del Ejército Rojo de la Segunda Guerra Mundial alberga las sepulturas de 4800 soldados soviéticos muertos durante la batalla de Berlín en mayo de 1945. Al fondo se alza la estatua de bronce de un soldado que lleva a un niño alemán en sus brazos, mientras pisotea a sus pies una cruz gamada rota. Todavía pueden leerse en los sarcófagos citas de Stalin, minuciosamente restauradas.

Sowjetisches Ehrenmal • Treptower Park • 24 h • Ⓢ-Bahn Treptower Park

COMER

7. SCHNEEWEISS

MUY CHIC

AUSTRÍACO

Todo es blanco como la nieve en este restaurante austríaco. En los platos hay más colorido: magníficas escalopas vienesas, estofado del Tirol, filete de lucioperca y cocido austríaco *(Tafelspitz)*. Sábados y domingos se puede degustar todo tipo de creaciones presentadas en terrinas, en el bufé del desayuno (11,50 €, hasta 16.00).

Simplonstrasse 16, 10245 • 29 04 97 04 • www.schneeweiss-berlin.de • lu-vi 18.00-23.00, sa-do 10.00-16.00 y 18.00-23.00 • Ⓤ1 o Ⓢ-Bahn Warschauer Strasse, o Ⓢ-Bahn Ostkreuz • tranvía M10

8. MICHELBERGER HOTEL

ALEMÁN

Frente a la última estación del metro Ⓤ1, el restaurante del hotel Michelberger parece una cantina, pero con estilo. A mediodía, atrae a una clientela que trabaja en el barrio. Por la noche, los clientes del hotel se mezclan con los comensales habituales para degustar una cocina innovadora: *Schupfnudeln* (pasta a base de patata, salvia y parmesano), o una sopa de perejil con aceite de semillas de calabaza.

Warschauer Strasse 39-40, 10243 • www.michelbergerhotel.com • 29 77 85 90 • lu-do 7.00-22.30 • Ⓤ1 o Ⓢ-Bahn Warschauer Strasse • tranvía M10

9. KASPAR + HAUSER

DE FUSIÓN

Este restaurante está situado en una de las calles más hermosas de Berlín, Knorrpromenade. En verano, se puede cenar en la terraza de esta antigua sala de baile. La carta ofrece una cocina original, ligera y muy internacional. El servicio es impecable, los camareros van con mandil y los precios son razonables (entrantes 5-6 €, platos 8,50-16 €).

→ *Menú de tres platos a menos de 25 €*

Knorrpromenade 2, 10245 • 49 78 72 32 • www.kasparundhauser.de • lu-do 16.00-23.00 • Ⓤ1 o Ⓢ-Bahn Warschauer Strasse, o Ⓢ-Bahn Ostkreuz

10. SCHWARZER HAHN

MUY CHEAP

REGIONAL

Cuando uno entra en el "gallo negro", en seguida se siente bien, como en familia. El chef está presente y se aplica en hacer una cocina regional de calidad con productos locales. "Los platos deben tener el gusto del país" insiste Jan Uecker. La especialidad: los ñoquis, preparados con manteca a la salvia. También pueden degustarse los ravioli de Suabia o la terrina de salchicha *(Leberkäse)*. Platos 4-19 €.

→ *Menú (2 platos) 6,50 €.*

Seumestrasse 23, 10245 • 21 97 03 71 • www.schwarzerhahn-heimatkueche.de • lu-vi 12.00-22.00, sa 18.00-22.00 • Ⓤ1 o Ⓢ-Bahn Warschauer Strasse, o Ⓢ-Bahn Ostkreuz • tranvía M10

11. UMSPANNWERK OST

MUY CHIC

INTERNACIONAL

Muchos clientes cenan aquí antes o después del espectáculo en el teatro del Crimen (Kriminaltheater), lo que confiere siempre al Umspannwerk Ost un ambiente animado. El restaurante se encuentra en el mismo edificio que el teatro, una antigua fábrica de ladrillo con vigas de acero. Oculto en una callejuela situada detrás de Karl-Marx-Allee, dispone de una cocina abierta (platos 11,50-17,50 €). Desde el primer piso se puede observar a los cocineros manos a la obra.

Palisadenstrasse 48, 10243 • 42 80 94 97 • www.umspannwerk-ost.de • lu-do 11.30-24.00 • U5 Weberwiese

12. ROCKY RAGAZZO

MEDITERRÁNEO

Perdido en plena Karl-Marx-Allee, a la sombra de los grandes plátanos de la plaza Strausberger, el Rocky Ragazzo es un refugio para urbanitas estresados. Lo mejor es ir a desayunar o almorzar. El ambiente es el de un restaurante italiano aunque no lo es. Los creadores del barrio se dan cita allí para degustar una gran ensalada (5,20-13,90 €), un sándwich (3,90-4,80 €) o pastas (6,50-13,90 €).

El restaurante tiene la intención de mudarse en cuanto pueda al otro lado de la plaza.

Strausberger Platz 14, 10423 • 53 09 78 57 • www.rockyragazzo.com • lu-vi 10.00-22.00, sa 9.00-22.00, do 9.00-18.00 • U5 Strausberger Platz

13. VINERÍA DEL ESTE

HISPANO

En este rincón, situado en el antiguo barrio rebelde de Friedrichshain, se habla español. La Vinería, gestionada por un uruguayo, ofrece excelentes tapas. En la carta, pescado (15 €) y a veces, para los que gusten de ello, despojos como lengua o riñones (muy raros en Alemania). La carne y las verduras proceden de una granja de cultivo ecológico de la vecina región de Mecklembourg, mientras que el queso y la charcutería vienen de España. Se recomienda la carne argentina acompañada con una buena copa de vino (gran surtido).

Bänschstrasse 41, 10247 • 42 02 49 43 • www.vineriaytapas.de • lu-sa 12.00, do a partir de 15.00 • U5 Frankfurter Allee o Samariterstrasse

DE COPAS...

15.

16.

14. SCHÖNBRUNN

CAFÉ

Ningún sitio mejor para tomar una copa durante el día que en su terraza a orillas del estanque. Los fines de semana, muchas familias *bobo* de Prenzlauer Berg acuden aquí para comer una ración de tarta con los mayores. Perfecto para una copa por la noche con buen tiempo.

El Schönbrunn también es restaurante.

Volkspark Friedrichshain • 42 02 81 91 • www.schoenbrunn.net • lu-do 12.00-24.00 (según meteorología) • tranvía M4, M10 • autobús 200

16. PLACE CLICHY

BAR

Con sus copas de tinto, su mostrador de cinc, sus canciones francesas (actuales) y sus mesitas en la sala trasera, es lo más parisino de Berlín. A partir de las 22.00 comienza a haber movimiento en un ambiente de fiesta perpetua.

Simon-Dach-Strasse 22, 10245 • 23 13 87 03 • ma-sa 19.00-2.00 • U1 o S-Bahn Warschauer Strasse • tranvía M10

15. DIE TAGUNG

BAR RDA

"El congreso" podría ser un museo de la RDA. Con sus pancartas "¡Atención Frontera!", "Prohibido bañarse", da la sensación de que uno ha hecho un salto al pasado. Lenin, Engels, Marx y otras figuras del comunismo, todos tienen su retrato en este café desfasado. Hacen falta unos minutos para ambientarse.

Wühlischstrasse 29, 10245 • 29 77 37 88 • lu-do a partir de 17.00 • U1 o S-Bahn Warschauer Strasse • tranvía M10

17. TUSSYLOUNGE

CAFÉ-PELUQUERÍA

Mitad café, mitad peluquería, el Tussylounge está decorado con muebles y lámparas antiguas de la década de 1960. Esto le da un toque más bien acogedor. Está situado en un lugar muy tranquilo, lejos del gentío de Simon-Dach-Strasse. Amplio surtido de cócteles (60 variedades) entre 6 y 8 €, pero también *milchshakes*, tartas y gaseosas caseras.

Sonntagstrasse 22, 10245 • 84 11 17 95 • www.tussylounge.de • lu-vi 10.00-24.00, sa 16.00-24.00 • U1 o S-Bahn Warschauer Strasse, o S-Bahn Ostkreuz

18. CASSIOPEIA

'BIERGARTEN'

Instalado en un centro cultural *trash* y alternativo que ha ocupado una estación abandonada, este café-bar-club es el punto de encuentro de todos aquellos que evitan el Friedrichshain a la última y turístico de Simon-Dach-Strasse. Hay mucho espacio y el ambiente es muy sanote.

Revaler Strasse 99, 10245 • 47 38 59 49 • www.cassiopeia-berlin.de • Ⓤ1 o Ⓢ-Bahn Warschauer Strasse • tranvía M10

20. YAMM

CHIRINGUITO DE PLAYA

Cada día suena *reggae* en esta pequeña playa detrás de la East Side Gallery. El Yamm es una mezcla de culturas frente a una copa. Aquí se puede jugar a baloncesto o a fútbol con fondo de *raggamuffin* o asistir a conciertos o a *sound systems* por la noche. En cuanto hace sol, se llena. El Yamm es el Berlín auténtico.

Stralauer Platz 35, 10243 • www.yaam.de • lu-do 11.00-24.00 (más tarde en verano) • Ⓢ-Bahn Ostbahnhof

19. SANATORIUM23

'ELECTRO-LOUNGE'

Las camareras van vestidas de enfermeras o de látex. Según el día. El Sanatorium es una mezcla de café de barrio, de galería de arte y de club. Los fines de semana, vienen DJ a crear ambiente. En la carta de bebidas, se elige el "tratamiento" entre misteriosas fórmulas químicas.

Frankfurter Allee 23, 10247 • 42 02 11 93 • www.sanatorium23.de • lu-do a partir de 16.00 • Ⓤ5 Frankfurter Tor • tranvía M10

21. SYBILLE

CAFÉ CULTURAL

Conocido bajo la RDA desde la década de 1960, el Sybille ha sobrevivido a la reunificación. Instalado al pie de un edificio de mármol, este café es una institución en Berlín Este. Al tiempo lugar de exposición y de conciertos, es también un museo de la historia de Karl-Marx-Allee. La decoración, sobria y funcional heredada de la década de 1960, le da un encanto obsoleto.

Karl-Marx-Allee 72, 10243 • 29 35 22 03 • lu-vi 10.00-20.00, sa-do 11.00-20.00 (más tarde en caso de concierto) • Ⓤ5 Weberwiese o Strausberger Platz

22. ALTES TEXTILKAUFHAUS

MODA-CREADORES

Uno se creería en un gran salón con ropa esparcida por todas partes. Los guantes están sobre la mesa central, los collares a la derecha, en una vitrina, los vestidos de niño a la izquierda y la ropa al fondo en perchas. Altes Textilkaufhaus es una cooperativa de creadores que ofrecen sus colecciones y se relevan como dependientes. Una tienda auténtica.

→ ***Está prohibido hacer fotos en la tienda.***

Boxhagener Strasse 93, 10245 • 01 635 53 91 71 • www.altestextilkaufhaus.de • lu-vi 11.00-19.00, sa 11.00-16.00 • U1 o S-Bahn Warschauer Strasse • tranvía M10

DE COMPRAS

23.

23. WÜHLISCHSTRASSE

MODA

Para todos aquellos que buscan tiendas de moda y de creadores, esta calle merece una visita. Las direcciones más recomendables están entre Simon-Dach-Strasse y Boxagener Strasse. Wühlischstrasse va camino de convertirse en la calle más a la última del barrio.

U1 o S-Bahn Warschauer Strasse, o S-Bahn Ostkreuz

24. PECCATO FASHION STORE

MODA

Situado en el corazón del barrio de la moda y de los cafés, Peccato ofrece ropa de mujer, accesorios (bolsos, collares, medias) y ropa interior a precios asequibles, en un ambiente y una decoración de salón privado.

Simplonstrasse 6, 10245 • 20 07 88 96 • www.peccato.de • lu-vi 12.00-20.00, sa 11.00-18.30 • U1 o S-Bahn Warschauer Strasse • tranvía M10

25. DICK & JANE

MODA 'ROCKABILLY'

Música *techno,* dependientes ágiles, clientela a la última y apresurada... el Dick & Jane es el símbolo de la transformación del barrio en centro de la moda. La mejor dirección para la ropa *rockabilly,* que apasiona a los jóvenes de Friedrichshain. Bonita colección de sombreros.

Simon-Dach-Strasse 10, 10245 • 29 04 89 94 • lu-vi 12.00-20.00, sa 10.00-19.00 • Ⓤ1 o Ⓢ-Bahn Warschauer Strasse • tranvía M10

26. INTERSHOP 2000

RELIQUIAS DE LA RDA

En su momento, Intershop era una cadena pública de tiendas de la antigua RDA en las que se podía comprar con divisas del Oeste. En la actualidad, Intershop 2000 es una tienda privada en la que se pueden encontrar artículos de Alemania del Este que han sobrevivido a la reunificación: bustos de Lenin, cerillas, carteles, banderas de las juventudes comunistas o vajillas de la sociedad de ferrocarriles Mitropa.

¡La tienda cambia a menudo de dirección! Hay que comprobar en internet que no se ha mudado.

Ehrenbergstrasse 3-7, 10245 • 31800364 • www.intershop2000.com • Ⓤ1 o Ⓢ-Bahn Warschauer Strasse • tranvía M10

27. STOFFRAUSCH

MODA 'STREETWEAR/TECHNO'

Desde fuera, uno más bien siente rechazo por el bloque de viviendas de la RDA al pie del cual se ha instalado esta tienda. En el interior, es otro mundo, el de una marca berlinesa llena de ideas (especialmente en moda *techno*) y piezas únicas. En seguida uno se siente a gusto allí.

En la trastienda hay un taller de retoques. Se puede pues hacer reformar una prenda inmediatamente.

Bersarinplatz 3, 10249 • 29 66 51 51 • www.stoffrausch.com • Ⓤ5 Frankfurter Tor • tranvía M10

SALIR

¿Acabar la noche a las 9.00? No es algo excepcional en Berlín. La capital no tiene hora legal de cierre. Los cafés pueden permanecer abiertos las 24 h. Cuando se sale de marcha, nadie se cita antes de las 24.00. Para comprobarlo basta con tomar el tranvía M10 entre Friedrichshain y Prenzlauer Berg. Llamado el "tranvía de la fiesta" (Party Tram), está lleno de juerguistas a esta hora. En Berlín, la vida nocturna está en su apogeo a partir de la 1.00. Con la cantidad de clubs, bares y discotecas, cuesta elegir. Uno puede desahogarse en las antiguas fábricas reconvertidas en locales *techno* (de sábado a lunes por la mañana, no paran), bailar salsa sobre parqué de roble, escuchar punk en una bodega de Kreuzberg o frecuentar clubs ilegales en algún patio trasero de Friedrichshain. Otra ventaja: los porteros (cuando los hay) no suelen ser selectivos. Uno puede ir por casi todas partes sin preocuparse por el atuendo.

A diferencia de otras capitales, los precios de las entradas siguen siendo asequibles y, sobre todo, los de las bebidas están prácticamente al nivel de los que practican en la gastronomía. Si uno paga más de 4 € por una pinta, es que ha caído en una trampa para turistas. Los precios moderados permiten así a los berlineses recorrer varios locales en la misma noche. La vida nocturna tiene culo de mal asiento. Los lugares a la última pasan en seguida de moda y los clubs no dudan en mudarse para llenar nuevos espacios libres, todavía más delirantes. En Berlín, no falta espacio.

SALIR

SALIR

............Bares de noche............

01 INTERSOUP

MUY CHEAP

Hay que localizar una escalinata al lado de la puerta de entrada. Es por allí por donde se baja por la noche (a veces con conciertos) al Intersoup. Prácticamente cada noche hay un DJ que pincha para un público treintañero más bien alternativo, en un ambiente de alegre leonera. Ideal para pasar una noche divertida en un ambiente festivo.

Schliemannstrasse 31, 10437 • **Prenzlauer Berg** (plano p. 42) • 65 70 26 64 • www.myspace.com/intersoup • lu-do a partir de 17.00 • **la entrada suele ser gratuita, nunca más de 5 €** • Ⓤ2 Eberswalder Strasse • tranvía 12, M1, M10

02 AUGUST FENGLER

El bar –un gran clásico del barrio– siempre está lleno y está abierto hasta muy tarde. Suele ser difícil llegar a la barra para pedir las bebidas. La (diminuta) pista de baile, con DJ, se encuentra en la parte trasera. En el sótano, se reúnen los aficionados al futbolín para echar unas partidas que pueden durar hasta el amanecer.

Lychener Strasse 11, 10437 • **Prenzlauer Berg** (plano p. 42) • 44 35 66 40 • www.augustfengler.com • lu-do a partir de 19.00 • **entrada libre** • Ⓤ2 Eberswalder Strasse • tranvía M1, M10, 12 • autobús nocturno N2

03 KING SIZE

Alojado al pie de uno de los últimos edificios de la calle que todavía no ha sido restaurado, el King Size es el *place to be* de Mitte. Es muy pequeño y es muy difícil entrar, pero con un poco de suerte se puede encontrar sitio en la gran barra. Con un público muy a la última, es muy ruidoso a partir de las 24.00. Se baila hasta perder la cabeza.

Friedrichstrasse 112b, 10117 • **Mitte – Hackescher Markt** (plano p. 76) • mi-sa 21.00-7.00 • **entrada libre** • Ⓤ6 Oranienbruger Tor • tranvía M1, 12, M6

04 KAFFEE BURGER

MUY CHEAP

Todos los berlineses han ido ya a bailar al menos una vez al Burger. Su fundador, el escritor Vladimir Kamine, es conocido como el Lobo blanco en la capital. Sus noches "disco rusa" son legendarias. Después de los conciertos, el bar se transforma en club. La decoración, muy *ostálgica* sigue igual al cabo de 20 años. Su notoriedad atrae a muchos turistas.

Torstrasse 60, 10119 • **Mitte – Hackescher Markt** (plano p. 76) • 28 04 64 95 • www.kaffeeburger.de • bar lu-do a partir de 21.00, para bailar lu-ju a partir de 22.00, vi-sa 21.00, do 19.00 • **entrada 1-6 €** • Ⓤ2 Rosa-Luxemburg Platz • tranvía M1, M8

05 TRUST

La puerta de entrada, toda ella negra, no es alentadora. Pero hay que tener... confianza. En el interior está la fiesta. Este nuevo bar de Tortstrasse es uno de los lugares del momento. Aquí no se piden las cervezas por unidades, sino por botellas que se comparten entre amigos.

Torstrasse 72, 10119 • **Mitte – Hackescher Markt** (plano p. 76) • ma-sa a partir de 20.00 • entrada libre • Ⓤ2 Rosa-Luxemburg-Platz

06 NEUE ODESSA

La atmósfera del Neue Odessa es más tranquila que la del resto de bares del barrio, pero las noches pueden ser también muy animadas. Las bebidas son asequibles y el ambiente del gran salón da casi la impresión de estar en casa. Un lugar ideal para acabar la noche.

Torstrasse 89, 10119 • **Mitte – Hackescher Markt** (plano p. 76) • 01 71 83 98 991 • lu-do a partir de 19.00 • entrada libre • Ⓤ2 Rosenthaler Platz • tranvía M1, M8

07 BAR AM LÜTZOWPLATZ

Este bar americano con aspecto de vagón, con su barra alargada, ha conservado cierto encanto a pesar de su *look* de la década de 1990. Sus cócteles son excelentes. Veánse detalles p. 121.

Lützowplatz 7, 10785 • **Tiergarten** (plano p. 110) • 262 68 07 • www.baramluetzowplatz.com • lu-mi y do 18.00-2.00, ju-sa 18.00-4.00 • entrada libre • Ⓤ1 Kurfürstenstrasse • autobús nocturno N1, N2

Transportes nocturnos

Último metro: 0.30. Los metros (Ⓤ) circulan toda la noche los viernes y sábados, cada 15 minutos (excepto Ⓤ4 y Ⓤ55. También el Ⓢ-Bahn, que circula cada 30 minutos.

Autobús nocturno: hay muchos y están marcados con una N. El número que sigue es el de la línea de metro correspondiente.

Taxi : bajada de bandera 3,20 €, 1,65 € el km, y 1,28 € a partir de 7 km. Propina 10%. Algunos números de compañías de taxi: Quality Taxi 26 3000 (nº gratuito 0800 26 3000 0), WBT 26 10 26, TaxiFunk Berlin 44 33 22, City-Funk 21 02 02.

SALIR

Clubs

GRATIS

08 MAUERSEGLER CLUB

Un lugar tranquilo en el Mauerpark para pasar una noche de baile con todo tipo de música *(hip-hop, electro, rock...)*. Su ambiente campechano congrega un público de todas las edades. Ideal en verano con el *biergarten* (véase p. 58).

Bernauer Strasse 63/64, 13355 • **Prenzlauer Berg (plano p. 42)** • 97 88 09 04 • www.mauersegler-berlin.de • lu-do 10.00-2.00 (*biergarten* abierto solo may-oct) • **entrada gratuita** • Ⓤ2 Eberswalder Strasse • tranvía M1, 12, M10

09 KNAACK KLUB

Uno de los mayores y más antiguos clubs de Berlín. Abierto en 1952, el Knaak puede acoger hasta 1200 personas en sus cuatro plantas. Los conciertos (de todos los estilos) tienen lugar en el sótano. Música alternativa, R&B y éxitos de la década de 1980 comparten los otros pisos. Hay incluso un karaoke. Es gratuito para las chicas antes de las 24.00 (bebida incl.). Los chicos pagan 1 € antes de las 23.00.

Greifswalderstrasse 224 • **Prenzlauer Berg (plano p. 42)** • 442 70 60 • www.knaack-berlin.de • lu y mi a partir de 20.00, ma, ju y do 17h, vi-sa 22.00h • **entrada/conciertos 0-5 €, vi-sa gratuito para las chicas antes 24.00** • tranvía M4

10 BASSY COWBOY CLUB

Situado en la antigua cervecería de Pfefferberg (véase p. 54), el Bassy parece un *saloon* con una larga barra. El estilo de música, más bien de los sesenta, *country*, R&B y *garaje*, atrae a un público de 30 a 60 años. Antes de las sesiones, suelen programar conciertos, hacia las 23.00.

Schönhauser Allee 176a, 10119 • **Prenzlauer Berg (plano p. 42)** • 281 83 23 • www.bassy-club.de • lu-vi horas de apertura variables, sa 22.00, conciertos 23.00 • **entrada 0-6 €** • Ⓤ2 Rosa-Luxemburg-Platz

11 KULTURBRAUEREI

Este inmenso centro cultural de Prenzlauer Berg (véase p. 45) reúne varios clubs, especialmente la Alte Kantine, para quienes gustan de los locales de dimensiones humanas y los éxitos, y el Soda Club, enfrente, para los amantes de la salsa.

Schönhauser Allee 36, 10435 • **Prenzlauer Berg (plano p. 42)** • 443526-0 • www.kulturbrauerei-berlin.de • 24 h (Alte Kantine: lu-do a partir de 23.00, **entrada 3-9 €** • Soda Club : ju 21.00 y do 20.00 + clases de salsa una hora antes, **entrada 5 € con clase de salsa o sin clase, 3 € como abono para la bebida)** • Ⓤ2 Eberswalder Strasse

12 ICON

A pesar de su notoriedad, este club está considerado todavía como una dirección confidencial. Instalado en las bodegas de una antigua cervecería (imagnífica!) en pleno Prenzlauer Berg, se dirige a los que buscan un buen nivel musical (*electro, hip-hop, reggae, ragga*). Muchos DJ vienen del extranjero. Los profesionales de la música se dan cita aquí con ocasión del salón musical Popkomm.

Cantianstrasse 15, 10437 • **Prenzlauer Berg** **(plano p. 42)** • 322 970 520 • www.iconberlin.de • ma 23.00, vi-sa 23.30 • **entrada 3-10 €** • Ⓤ2 o Ⓢ-Bahn Schönhauser Allee • tranvía M1 • autobús nocturno N2

13 WEEK-END

Aquí se viene para bailar en la planta 12ª de la antigua agencia de turismo de Alemania del Este. (Haus des Reisens; véase p. 73) al son de música *electro, house, techno* o *minimal*. Desde la terraza, la vista panorámica de 360º sobre Berlín es impresionante. En verano, se ve la salida del sol sobre la ciudad hacia las 3.00 o las 4.00.

Alexanderstrasse 7, 10178 • **Alexander Platz** **(plano p. 66)** • www.week-end-berlin.de • ju-do a partir de 23.00 • **entrada 6-15 €** • Ⓤ o Ⓢ-Bahn Alexander Platz

14 GRÜNER SALON

El Grüner Salon, situado en un ala del teatro Volksbühne, es el lugar perfecto para bailar sin empujones. Los días laborables dan clases de salsa. Los fines de semana, los alumnos vienen a veces a perfeccionar su técnica en el parqué de roble de esta gran sala de baile con una programación musical variada (salsa, por supuesto, pero también otras músicas del mundo, *rock*, charlestón, ligera) y siempre de calidad.

Rosa-Luxemburg-Platz 2, 10178 • **Mitte – Hackescher Markt** **(plano p. 76)** • 688 33 23 90 • www.gruener-salon.de • horas de apertura en función de las sesiones • **entrada variable (pero siempre razonable)** • Ⓤ2 Rosa-Luxembourg-Platz

15 DELICIOUS DOUGHNUTS

El club ha visto cómo cambiaba todo el barrio en 20 años. Es uno de los pocos que han sobrevivido a las trasformaciones. Detrás de la puerta de entrada, la original, unas banquetas rojas acolchadas rodean la pista de baile, en un ambiente de *glamour* intimista. Público ecléctico.

Rosenthaler Strasse 9, 10119 • **Mitte – Hackescher Markt** **(plano p. 76)** • 28 09 92 74 • www.delicious-doughnuts.de • lu-do a partir de 21.00 (DJ a partir de 23.00) • **entrada 3 €, gratuito do-ma** • Ⓢ-Bahn Hackescher Markt • Ⓤ8 Rosenthaler Platz • tranvía M1

SALIR

GRATIS MUY CHIC

16 TAUSEND BAR

Se llama a la puerta. Un portero escruta entonces por una mirilla. Si a uno le dejan entrar (algo problemático), sorprende este lugar selecto, comparable a los grandes de París, Londres o Tokio. ¡Único en Berlín! Decoración metálica, juegos de luces, grandes espejos... la atmósfera es de ultratendencia. Aquí uno se cruza con modelos, actores y todo tipo de VIP del momento. Si uno no pertenece a la esfera de los famosos, mejor evitar los vaqueros o las camisetas, si no se quiere reducir peligrosamente las posibilidades de entrar.

Schiffbauerdamm 11, 10117 • **Mitte – Hackescher Markt** (plano p. 76) • 41 71 53 96 • www.tausendberlin.com • mi-sa a partir de 20.00 • **entrada gratuita (¡pero difícil!)** • Ⓤ6 o Ⓢ-Bahn Friedrichstrasse

17 BALLHAUS MITTE

MUY CHEAP

En esta magnífica sala de baile de la década de 1920, cada viernes y sábado noche el DJ Clärchen invita a bailar, en un ambiente muy espontáneo, éxitos de las décadas de 1980 y 1990 con ocasión de su Clärchens Ballhaus. Público de todas las edades. Muy agradable. Véase p. 84.

Auguststrasse 24, 10117 • **Mitte – Hackescher Markt (plano p. 76)** • 282 92 95 • www.ballhaus.de • vi-sa 20.00, a partir de 22.00 para bailar • **entrada 4 €** • Ⓢ-Bahn Oranienburger Strasse • tranvía M1

18 COOKIES

A pesar de seis mudanzas en 15 años, el Cookies, con sus grandes lámparas, ha conseguido mantener su reputación de club selecto. Las sesiones (principalmente *house*) solo se celebran martes y jueves.

Friedrichstrasse 158-164, 10117 • **Mitte – Unter den Linden (plano p. 94)** • 27 49 29 40 • www.cookies-club.de • ma y ju 22.30-6.00 • **entrada 8 €** • Ⓢ-Bahn Friedrichstrasse

19 HAVANNA

En un patio trasero de Schöneberg, el Havanna es el lugar perfecto para pasar una velada latina (salsa, merengue), *black (soul, funk)* o disco. Con cuatro pistas de baile y siete bares, el Havanna puede acoger hasta 2500 personas. No se está demasiado apretado para bailar... o para conocer gente. Público muy ecléctico.

Se puede asistir a una clase de baile 1 h antes de la apertura (4,50 €, debutante o avanzado).

Hauptstrassee 30, 10827 • **Schöneberg** (plano p. 142) • 784 85 65 • www.havanna-berlin.de • mi 21.00, vi-sa 22.00 • **entrada 6,50 € (gratuito hasta 23.00 para las chicas)** • autobús nocturno N7

20 TRESOR

Es el primer gran club *techno* alemán, abierto en 1991 cuando la música *electro* todavía no estaba popularizada. En el 2005, el Tresor tuvo que abandonar su sede histórica, una antigua cámara acorazada de un centro comercial de Leipziger Strasse. Instalado desde el 2007 en una antigua central de calefacción de Kreuzberg, después de varias mudanzas el nuevo Tresor ha conservado su atmósfera de fábrica abandonada con un gran corredor de 30 m que lleva a las pistas de baile (*techno* y *electro*, *house*).

Köpenicker Strasse 70, 10179 • **Kreuzberg** **(plano p. 154)** • www.tresorberlin.de • mi, vi-sa a partir de 24.00 • **entrada mi 7 €, vi 10-12 €, sa 10-15 €** • Ⓤ8 Heinrich-Heine-Strasse

21 KITKATCLUB

Este club *techno* de intercambio de parejas forma parte de los pioneros de la ola *electro* de la década de 1990. El KitKatClub es más que un club de intercambio. Es una institución que recibe a DJ muy buenos. Después de algunas mudanzas, el club ha encontrado refugio en el legendario Sage Club, en el límite entre Kreuzberg y Alexander Platz, justo al lado del Tresor. No exigen una forma especial de vestimenta (excepto el sábado: extravagante), pero nada de vaqueros ni de camiseta. Más bien *sexy* y sobre todo fantasioso.

Köpenickerstrasse 76, 10179 **Kreuzberg (plano p. 154)** • 78 71 896 • www.kitkatclub.org • vi-sa-do a partir de 23.00, do *after* a partir de 8.00 • **entrada 10 €** • Ⓤ8 Heirich-Heine-Strasse • autobús nocturno N8, N40

22 PRIVATCLUB

MUY CHEAP

Para bailar en un ambiente campechano, nada mejor que el Privatclub. Está alojado en las antiguas bodegas bajo el restaurante Weltrestaurant Markthalle (véase p. 161). El estilo de música es muy variable, del *funk* al *electro* pasando por el *hip-hop* y los sesenta, en función del público. En los lavabos, se oye cantar a los pajaritos por los altavoces. El club celebra también entre 3 y 10 conciertos al mes.

Pücklerstrasse 34, 10997 • **Kreuzberg** **(plano p. 154)** • 0179 787 35 54 • www.privatclub-berlin.de • vi-sa 23.30 • **entrada 3-5 €** • Ⓤ1 Görlitzer Bahnhof

23 CLUB DER VISIONÄRE

GRATIS

En un ambiente exótico a orillas del canal, los "visionarios" bailan desde el atardecer con música *electro* (*house*, *techno*, *minimal*). No hay viviendas por los alrededores: se puede, pues, hablar alto y fuerte. Este club "efímero" solo abre en verano. Véase también p. 165.

Am Flutgraben 1, 12435 • **Kreuzberg** **(plano p. 154)** • 69 51 89 42 • www.clubdervisionaere.com • lu-ju a partir de 14.00, sa-do a partir 12.00, sin hora fija (abierto 1 may-sep) • **entrada gratuita** • Ⓤ1 Schlesisches Tor

SALIR

24 SO 36

Este club legendario de Kreuzberg no solo está reservado a los punks. Programan sesiones de todos los estilos (excepto los que están de moda), desde el *electro* al *hardcore*, pasando por el *hip-hop*, el *disco* y el *reggae*, para un público muy ecléctico. Sesiones para gays y lesbianas.

Oranienstrasse 190, 10999 • **Kreuzberg (plano p. 154)** • 61 40 13 06 • www.so36.de • horarios variables según las sesiones • **entrada 3-6 €** • U1, U8 Kottbusser Tor o U1 Görlitzer Bahnhof

25 WATERGATE

MUY CHIC

Con una vista impresionante sobre el río y el puente Oberbaumbrücke (véase p. 172), el Watergate es uno de los locales más espectaculares de la capital. En el interior, en una sobria decoración, casi fría, uno ve pasar el metro mientras saborea un cóctel o se contonea en la pista del 1er piso. No es fácil descubrir la entrada, señalizada con una lámpara azul.

Falckensteinstrasse 49 A, 10997 • **Kreuzberg (plano p. 154)** • 61 28 03 94 • www.water-gate.de • vi-sa a partir de 23.00 • **entrada 10 €** • U1 Schlesisches Tor

26 BERGHAIN

El Berghain está considerado como uno de los mejores clubs *techno* del mundo. Son impresionantes las dimensiones de este club, instalado en una central eléctrica abandonada, con una altura de techo de 18 m y tres pisos que pueden acoger hasta 2300 personas. A veces hay que hacer cola durante más de una hora para entrar. Las sesiones duran hasta el mediodía y se acaban por lo general en el Panorama Bar (último piso).

Está prohibido hacer fotos.

Am Wriezener Bahnhof, 10243 • **Friedrichshain (plano p. 170)** • 29 36 02 10 • www.berghain.de • ju 23.00, vi-sa 24.00 • **entrada 10 €** • S-Bahn Ostbahnhof • autobús nocturno N40

27 SUICIDE CIRCUS

El club en auge de Berlín. El Suicide Circus apuesta por la calidad de la música y de sus DJ, jóvenes y con talento, a quienes muchos auguran una carrera internacional. El club está situado justo al lado de la estación Warschauer Strasse, en el corazón de la vida nocturna de Friedrichshain.

Revaler Strasse 99, 10245 (entrada por el Warschauer Brücke) • **Friedrichshain (plano p. 170)** • http://site.suicide-berlin.com • ju-sa a partir de 24.00 (a veces antes si proyectan una película) • **entrada 5-8 €** • autobús nocturno N1, N40

Conciertos de pop, 'rock', 'jazz'

28 WHITE TRASH FOOD

Además de su restaurante, con fama de tener las mejores hamburguesas de la ciudad (véase p. 53), el White Trash ofrece un montón de conciertos de *rock*, punk, *electro, jazz, swing* o *country*. Cuenta con un público ecléctico entre 25 y 50 años y también un ambiente diferente cada día.

Schönhauser Allee 6-7 • Prenzlauer Berg (plano p. 42) • 50 34 86 68 • www.whitetrashfastfood.com • club lu-do a partir de 21.00 • **entrada lu-vi/fin de semana 2/5 €** • Ⓤ2 Rosa-Luxembourg-Platz

29 FRANNZ

Se localiza por la torre de ladrillo rojo de la Kulturbrauerei. El Frannz ofrece un programa de conciertos pop, *rock* y músicas alternativas. La programación (especialmente orientada hacia las músicas del mundo) de las dos otras salas de la Kulturbrauerei, la Kesselhaus y la Maschinenhaus, también valen la pena.

Schönhauser Allee 36, 10435 • Prenzlauer Berg (plano p. 42) • 72 62 79 333 • www.frannz.de • conciertos 20.00-21.00 • **entrada variable según los artistas** • Ⓤ2 Eberswalder Strasse

30 KUNSTFABRIK SCHLOT

Un club de referencia en el *jazz* en Alemania. Creado en 1990 en el Prenzlauer Berg abandonado de después de la caída del Muro, el Kunstfabrik Schlot se mudó después a Mitte, a las bodegas de una antigua fábrica de ladrillo rojo. El ambiente es el de un auténtico club de *jazz*: la gente escucha con atención.

Chausseestrasse 18, 10115 • Mitte – Hackescher Markt (plano p. 76) • 448 21 60 • www.kunstfabrik-schlot.de • lu-do 20.00, conciertos 21.00, ma improvisaciones teatrales • **entrada 8-10 € (excepto concierto excepcional), a veces gratuito** • Ⓤ6 Naturkundenmuseum • Ⓢ-Bahn Nordbahnhof • tranvía 12, M8

31 QUASIMODO

Un club de *jazz* legendario en la capital. Los conciertos se celebran en un sótano (véanse los detalles p. 134).

Kantstrasse 12a, 10623 • Charlottenburg (plano p. 126) • 312 80 86 • www.quasimodo.de • taquilla lu-vi a partir de 16.00, sa do a partir de 13.00 (compra de entradas en el café del Quasimodo) • **entrada variable según los artistas** • Ⓤ2 o Ⓢ-Bahn Zoologischer Garten

SALIR

32 A-TRANE

Este pequeño club de *jazz* es ideal para rematar la noche (véase p. 135).

Pestalozzistrasse 105, 10625 • **Charlottenburg (plano p. 126)** • 313 25 50 • www.a-trane.de • lu-do 21.00-2.00 • **entrada 5-30 € según los artistas (en general 8 €)** • S-Bahn Savignyplatz

34 YORCKSCHLÖSSCHEN

Este antiguo bareto de barrio reconvertido en café-concierto es conocido desde la década de 1970 por sus espectáculos en directo. Tocan *blues, swing, jazz* de Nueva Orleans, *soul* e incluso *dixieland* en un ambiente fantástico. Todas las generaciones y clases sociales se mezclan aquí para compartir un momento de música. Son especialmente apreciados los desayunos del domingo (10.00), seguidos de un concierto a las 14.00.

Está prohibido hacer fotos.

Yorckstrasse 15, 10965 • 215 80 70 • **Kreuzberg (plano p. 154)** • 215 80 70 • www.yorckschloesschen.de • mi y sa 21.00 (también ju y vi 21.00 en verano) • **entrada 4 € supl. sobre la nota** • U7 Mehringdamm

33 LIDO

Esta sala de conciertos es uno de los nuevos locales del escenario musical independiente de Berlín (*rock, alternativa,* punk y *electro*). Muy buen ambiente en este antiguo cine de la década de 1960, que ha conservado su encanto retro (parqué, techos altos). Los conciertos se celebran en la antigua sala de cine. En el patio interior han levantado una carpa para tomar copas y jugar unas partidas de futbolín.

Cuvrystrasse 7, 10997 • **Kreuzberg (plano p. 154)** • 69 56 68 40 • www.lido-berlin.de • **entrada 20 € aprox.** • U1 Schlesisches Tor • autobús nocturno N65, N1

Servicios nocturnos

Policía: 110 (urgencias) o +49 (30) 46 64 46 64 (información)
Urgencias: 112
Cruz Roja: +49 (30) 85005-0
Farmacia de guardia: 0800 228 22 80 (nº nacional)

..Teatro, ópera y espectáculos..

TRES ÓPERAS

Con tres teatros de la ópera, los berlineses lo tienen difícil para elegir. Uno se encuentra en el Oeste (la Ópera alemana o Deutsche Oper) y los otros dos (el Staatsoper –el más hermoso– y el Komische Oper – el más grande –) en el Este, en Unter den Linden.

→ *El Staatsoper está actualmente en restauración. Hasta el 2013 estará alojado en el teatro Schiller (dirección provisional más abajo).*

→ *Se pueden conseguir fácilmente entradas por menos de 15 € por internet o directamente en taquilla.*

35 KOMISCHE OPER

Behrenstrasse 55-57, 10117 • **Mitte – Unter den Linden** (plano p. 94) • 47 99 74 00 • www.komische-oper-berlin.de • taquillas lu-sa 9.00-20.00, do y fest 14.00-20.00 • **entrada 10-93 €** • U6 Französische Strasse

36 DEUTSCHE OPER

Bismarckstrasse 35, 10627 • **Charlottenburg** (plano p. 126) • 343 84 343 • www.deutscheoperberlin.de • taquilla lu-vi 8.00-18.00 • **entrada 14-120 €** • U2 Deutsche Oper

37 STAATSOPER, IM SCHILLER THEATER

Bismarckstrasse 110, 10625 • **Charlottenburg** (plano p. 126) • 20 35 45 55 • www.staatsoper-berlin.de • taquilla lu-sa 10.00-20.00, do y fest 12.00-20.00, teatro lu-do 12.00-19.00 y 1 h antes de las representaciones • **entrada 14-160 €** • U2 Deutsche Oper o Ernst-Reuter-Platz

38 SCHAUSPIELHAUS – KONZERTHAUS

Construido inicialmente para el teatro, el Schauspielhaus es en la actualidad una sala de conciertos clásicos (Konzerthaus) con orquesta sinfónica (en la Grosser Saal) y de música de cámara (en la Kleiner Saal y la Werner-Otto-Saal).

Gendarmenmarkt, 10117 • **Mitte – Unter den Linden** (plano p. 94) • 203 09 21 01 • www.konzerthaus.de • taquilla lu-sa 12.00-19.00, do y fest 12.00-16.00 (**visita guiada 13.00, 3 €**) • **entrada 13-99 €** • U2, U6 Stadtmitte • autobús nocturno N2

SALIR

39 PHILHARMONIE

La orquesta alemana más prestigiosa, dirigida desde el 2002 por el director de orquesta británico Simon Rattle, es el orgullo de la capital (sus conciertos siempre llenan la sala). Pero otras orquestas tocan también en la Philharmonie, a precios asequibles, especialmente en la sala de música de cámara (Kammermusiksaal).

Herbert-von-Karajan Stasse 1, 10785 • Tiergarten **(plano p. 110)** • 254 88 999 • www.berliner-philharmoniker.de • taquilla lu-vi 15.00-18.00, sa-do 11.00-14.00 • **entrada variable según orquestas** • Ⓤ2 Potsdamer Platz • Ⓢ-Bahn Potsdamer Platz

40 BLUE MAN GROUP BLUEMAX THEATER

Fundado en 1988 en Nueva York, el Blue Man Group es una *perfomance* artística de gran envergadura. Las percusiones son ensordecedoras, las luces aturden y los espectadores de primera fila quedan incondicionalmente salpicados por diferentes líquidos. Nada recomendable para salir con los suegros.

Marlene-Dietrich-Platz 4, 10785 • **Tiergarten (plano p. 110)** • 01 805 44 44 • www.bluemangroup.de • compra de entradas en el teatro 2 h antes de la representación o por internet • representaciones ma, vi 21.00, mi y ju 18.00 y 21.00, sa 15.00, 18.00, 21.00, do 15.00 • **entrada 54,90 o 64,90 €** • Ⓤ2 o Ⓢ-Bahn Potsdamer Platz

41 SCHAUBÜHNE

Es la meca del teatro contemporáneo alemán. Lo hizo famoso el director y actor alemán Peter Stein, que dirigiría el Schaubühne de 1970 a 1987. El teatro conoció una segunda juventud en 1999 con la llegada de Thomas Ostermeier (que sigue en la dirección artística del teatro) y de la coreógrafa alemana Sasha Waltz.

Kurfürstendamm 153, 10709 • Charlottenburg **(plano p. 126)** • 89 00 23 • www.schaubuehne.de • taquilla lu-sa 11.00-18.30, do y fest 15.00-18.30 (se pueden comprar entradas 1 h antes de la representación) **entrada 7-42 €** • Ⓤ7 Adenauer Platz, Ⓢ-Bahn Charlottenburg • Bus M19, M29

42 RADIAL SYSTEM V

MUY CHIC

Abierto en el 2006, el Radial System V es un lugar de creación famoso por la calidad de su programación. Instalado en una antigua estación hidráulica a orillas del Spree, es un lugar de encuentros artísticos interdisciplinarios que mezcla tradición e innovación. Es sobre todo una referencia en cuestión de música (moderna y clásica) y de danza contemporánea, con la presencia de la famosa coreógrafa Sasha Waltz. Pura cultura.

Holzmarktstrasse 33, 10243 • **Friedrichshain (plano p. 170)** • www.radialsystem.de • 288 788 50 • reservas 288 788 588 • taquilla ma-vi 10.00-19.00, sa-do 12.00-19.00, café lu-do 10.00-19.00 (magnífica terraza) • **entrada 5-34 €** • Ⓢ-Bahn Ostbahnhof

DORMIR

Cuando uno viaja a Berlín, tiene la seguridad de que no va a gastarlo todo en alojamiento. A pesar de que los precios han aumentado estos últimos años, una cama berlinesa sigue siendo sorprendentemente asequible en comparación con sus homólogas europeas. Además, con un toque de demencia. Estilo RDA, diseño, retro: los establecimientos juegan en general la baza de la originalidad, en función del barrio, también. Todo ello sea cual sea la categoría, porque aquí es posible una bonita decoración a precios asequibles. Los precios suben y las plazas escasean, no obstante, durante el Salón de la Agricultura (Grüne Woche, fin ene) y del Turismo (ITB, med mar). Otro punto fuerte: dentro del mismo hotel existe la posibilidad de tener o no un lavabo, de optar por un desayuno incluido o no, resumiendo, de elegir el confort a la carta, en función también del presupuesto. Incluso los albergues de Juventud, a veces muy bien situados, ofrecen una gama de servicios diferenciados, muy apreciable, para ajustarlos a cualquier bolsillo. Las pensiones, instaladas en edificios antiguos, también tienen su clientela entre los viajeros y son una especialidad berlinesa. Suelen proporcionar la oportunidad de descubrir los interiores berlineses, muchas veces enormes y de altos techos, muy característicos de la ciudad.

Si se prefiere mantener la independencia, se puede optar por alquilar un apartamento. Una buena alternativa desde un punto de vista económico, y algo que le recordará a uno que los precios inmobiliarios siguen siendo bajos en la capital alemana.

HOTELES

MYER'S

Metzer Strasse 26, 10405
Prenzlauer Berg
+49 (30) 44 01 40
www.precisehotels.com
individual 65-165 €
doble 75-195 €
desayuno 12,50 €
Ⓤ2 Senefelderplatz

El Myer's es un hotel tranquilo y clásico, con una mezcla de estilos inglés e italiano, con un bonito jardín florido en verano. Los responsables le dan mucha importancia al ambiente y organizan a veces exposiciones temporales. Las habitaciones están decoradas en un estilo tradicional. Está situado en una calle tranquila, protegida de la agitación. Prenzlauer Berg y Mitte son fácilmente accesibles a pie.

EASYHOTEL

MUY CHEAP

Rosenthaler Strasse 69, 10119
Mitte
+49 (30) 40 00 65 50
http://de.easyhotel.com/hotels/berlin
habitación a partir de 25 €
(no hay servicio de desayuno)
Ⓤ8 Rosenthaler Platz
Ⓢ-Bahn Hackescher Markt

No se encontrará nada más barato en el barrio. El primer Easyhotel de Alemania, que es una franquicia de la compañía aérea de bajo coste, funciona con el mismo principio que el avión. Cuanto antes se reserva, más barato. El hotel, construido en el 2010, ofrece habitaciones limpias, pero muy pequeñas. Ideal para quienes solo van al hotel a dormir. Los restaurantes, los cafés y los clubs están allí mismo.

→ ***Reservas solo por internet.***

CIRCUS

Weinbergsweg 1a, 10119
Mitte
+49 (30) 20 00 39 39
www.circus-berlin.de/circus_hotel_berlin.html
individual 70-105 €
doble 80-120 €
apartamento 2-3 hab. 110-160 €
desayuno 4-8 €
Ⓤ8 Rosenthaler Platz • tranvía M1

Situado frente al albergue de juventud homónimo, el Circus es uno de los hoteles más nuevos del barrio. En la planta baja, el café, abierto a los viandantes, da al hotel un ambiente animado. Algunas personalidades de los medios de comunicación que viven en el barrio acuden allí a tomar el desayuno para consultar la prensa. El Circus se considera como un hotel ecologista y cuida especialmente la sostenibilidad.

ALBRECHTSHOF

Albrechtstrasse 8, 10117
Mitte
+49 (30) 308 86 0
www.hotel-albrechtshof.de
individual fin de semana/laborables a partir de 104/124 €
doble a partir de 126/156 €
desayuno incl.
U6 o S-Bahn Friedrichstrasse

Situación inmejorable. Este hotel se encuentra en un rincón muy tranquilo del centro, a cuatro pasos del Spree, el Reichstag y la estación de Friedrichstrasse. Se puede ir a pie a casi todas partes y está junto a restaurantes y numerosos cafés. El hotel existe desde hace más de un siglo. En la época de la RDA era el punto de encuentro de las familias separadas por la guerra fría. Su visitante más conocido fue Martin Luther King.

ARTE LUISE

Luisenstrasse 19, 10117
Mitte
+49 (30) 28 44 80
www.luise-berlin.com
individual con ducha 79-99 €
doble con ducha 99-185 €
desayuno 11 €
U6 o S-Bahn Friedrichstrasse

Cada habitación ha sido diseñada por un artista. Todas son, pues, únicas. Este "hotel-galería", dotado con su propia sala de exposiciones, está bien situado, en el corazón del Berlín político y mediático. No obstante, el transporte público está a 10 minutos a pie (excepto el autobús TXL que lleva al aeropuerto, que deja frente al hotel). Si se es sensible al ruido (el gran viaducto ferroviario está justo al lado), es preferible tomar una habitación en el nuevo edificio, mejor insonorizado, que se construyó al lado del antiguo (catalogado como monumento histórico).

Precio inmejorable en la buhardilla (individual 45-55 €, doble 65-95 €)

ARCOTEL VELVET

MUY CHIC

Oranienburger Strasse 52, 10117
Mitte
+49 (30) 278 75 30
www.arcotelhotels.com/de/velvet_hotel_berlin
habitación 78-265 €
U6 Oranienburger Tor
S-Bahn Oranienburger Strasse o Friedrichstrasse • tranvía 12, M1, M2

Este hotel tremendamente chic está situado en el corazón del barrio de Hackescher Markt, al lado del famoso edificio *okupado* Tacheles (véase p. 78). El Arcotel ofrece habitaciones muy claras, con grandes vidrieras, que dan a la calle turística de Oranienburger Strasse. No hay servicio de desayuno, pero por la mañana ofrecen un café o un té en el bar. De todas maneras, hay tantos cafés por los alrededores, que lo difícil es elegir.

ZARENHOF

Eichendorffstrasse 4, 10115
Mitte
+49 (30) 97 00 52 33
www.hotel-zarenhof.de
individual 59-89 €
doble 79-139 €
desayuno 11 €
U6 Naturkundemuseum
S-Bahn Nordbahnhof

El dueño ha dedicado su hotel a Nicolás II, el último zar de todas las Rusias. La decoración es, pues, muy rusa, con grandes y pesadas alfombras en las habitaciones. El desayuno también es ruso, con caviar y *blinis*. El hotel está situado en un barrio muy tranquilo y fácilmente accesible en trasporte público (tranvía, metro y S-Bahn). Los precios son siempre negociables, asegura la dirección.

→ ***El Zarenhof dispone de otro establecimiento también recomendable, en el barrio de Prenzlauer Berg (habitaciones y apartamentos).***

HONIGMOND

Tieckstrasse 11, 10115/**Mitte**
+49 (30) 28 44 55-0
www.honigmond.de
individual 95-165 € • doble 145-215 €
desayuno incl.
U6 Naturkundemuseum
S-Bahn Nordbahnhof
HONIGMOND GARDEN HOTEL
Invalidenstrasse 122, 10115/**Mitte**
+49 (30) 28 44 55-77
individual 105-175 € • doble 125-230 €
desayuno incl.
U6 Naturkundemuseum
S-Bahn Nordbahnhof

En este hotel cada habitación está decorada de forma diferente. Parqué, muebles de madera, estucos, cuadros, grandes espejos... El Honigmond es encantador, elegante y el trato muy agradable. El barrio es muy tranquilo y está bien comunicado en transporte público. En verano, se aprovecha el maravilloso jardín en el otro edificio, situado en Invalidenstrasse, a 200 m; hay que pedir una habitación en este último, es el mejor.

→ ***Algunas habitaciones son realmente pequeñas (pregúntese por la superficie antes).***

HOTEL AM SCHNEUNEN-VIERTEL

MUY CHIC

Oranienburger Strasse 38, 10117/**Mitte**
+49 (30) 282 21 25 ou 282 11 15
www.hotelas.com
individual 70 € • doble 80 € •
triple 100 € • desayuno incl.
U6 o S-Bahn Oranienburger Tor

Es el hotel perfecto para quienes quieran estar en el corazón del Berlín que se mueve. Elegante y chic, da a una calle muy concurrida de Oranienburger Strasse. Así, uno está inmediatamente sumergido en el ritmo del barrio de Mitte. Los accesos al transporte público son excelentes. Hay que tomar una habitación que no dé a la calle (ruidosa por la noche con los juerguistas y el tranvía).

MITART

Linienstrassee 139-140, 10115
Mitte
+49 (30) 28 39 04 30
www.mitart.de
individual 88-140 €
doble 110-160 €
desayuno ecológico incl.
Ⓤ6 o Ⓢ-Bahn Oranienburger Tor

Este hotel ecológico utiliza exclusivamente productos de limpieza respetuosos con el medio ambiente. También el desayuno es ecológico. Situado en el barrio de las galerías, es muy tranquilo. Muchos artistas vienen aquí a recuperar la inspiración y algunos han dejado obras en las paredes. Las habitaciones, decoradas de forma diferente, con muebles de madera –¡y sin TV!– dan al patio de una antigua imprenta. La sala del desayuno, que también sirve como recepción, es muy agradable, con su acuario en la entrada.

MÄRKISCHER HOF

MUY CHEAP

Linienstrasse 133, 10115
Mitte
+49 (30) 2827155
www.maerkischer-hof-berlin.de
individual 50-60 €
doble 75-85 €
triple 95 €
desayuno 5 €
Ⓤ6 o Ⓢ-Bahn Oranienburger Tor

Este hotel familiar (20 habitaciones) tiene la ventaja de estar bien situado. Los precios son razonables y pueden ser muy interesantes para tres personas. La sala del desayuno, en el primer piso, da a la animada calle de Oranienburger Strasse. El ambiente es más bien *ostálgico*, deudor de la Alemania del Este (por lo tanto, no es muy moderno). El hotel ofrece un servicio de reservas de entradas de conciertos, de teatros y de alquiler de bicicletas.

MOTEL ONE

MUY CHEAP

MOTEL ONE-BERLIN-KU'DAMM
Kantstrasse 7-11a, 10623
Charlottenburg
+49 (30) 31 51 73 60
www.motel-one.com
habitación a partir de 59 €
desayuno bufé 7,50 €
Ⓤ2, Ⓤ9 o Ⓢ-Bahn Zoologischer Garten

Esta cadena de hoteles, reconocible por sus tonos marrones y turquesa, tiene gran éxito en Alemania con su concepto de moda de bajo precio. Los ocho hoteles de Berlín están muy bien situados y ofrecen precios interesantes. Además, cada establecimiento tiene su propio estilo. El de Charlottenburg se encuentra al lado del Quasimodo (p. 134) y a cuatro pasos de Savignyplatz (p. 131).

BLEIBTREU

Bleibtreustrasse 31, 10707
Charlottenburg
+49 (30) 88 47 40
www.bleibtreu.com
individual 83-203 €
doble 98-218 €
desayuno 19 €
Ⓤ1 Uhlandstrasse
Ⓢ-Bahn Savignyplatz

El primer hotel de diseño de Berlín no ha perdido su frescura. Las habitaciones son luminosas, confortables y chic, y los baños muy alegres con su embaldosado de vivos colores. Está muy bien situado, en el barrio de ocio nocturno de Savignyplatz (10 min a pie) y cerca de numerosos lugares para visitar, del metro y del Ⓢ-Bahn. Ideal si se prefiere un hotel en el oeste de la ciudad.

HOTEL BOGOTA

Schlüsterstrasse 45, 10707
Charlottenburg
+49 (30) 881 50 01
www.bogota.de
individual con lavabo/baño
44/66-98 € • doble 69/89-150 €
desayuno incl.
Ⓤ1 Uhlandstrasse
Ⓢ-Bahn Savignyplatz

Un hotel maravilloso cargado de historia. La famosa fotógrafa Yva (Else Neuländer-Simon), alumna de Helmut Newton, tenía allí su taller. Transformado en pensión en 1964 por unos judíos alemanes refugiados en Colombia antes de la guerra (esto explica su nombre), fue posteriormente ampliado. Las 130 habitaciones son diferentes. Algunas comparten el baño. Muy bien situado.

Q

MUY CHIC

Knesebeckstrasse 67,
10623/**Charlottenburg**
+49 (30) 81 00 660
www.loock-hotels.com
doble 105-200 €
desayuno 20 €
Ⓤ1 Uhlandstrasse

¡El chic absoluto! No hay nada más a la última en el barrio. Ambiente sonoro *electro,* muebles futuristas, *spa,* pilates, *dock* para cargar y sincronizar el iPod... todo en este hotel de ultradiseño. Angelina Jolie y Brad Pitt se alojaron allí y les encantó. El lujo es asequible si no se elige una suite: los precios comienzan en 105 € por una habitación doble.

HOTEL RESIDENZ

Meinekestrasse 9, 10719
Charlottenburg
+49 (30) 88 44 3-0
www.hotel-residenz-berlin.de
individual 65-200 € • doble 85-220 €
suite junior 105-265 €
desayuno 7-16 €
Ⓤ1 Uhlandstrasse o Kurfürstendamm

Construido en 1900, este hotel de 77 habitaciones ha conservado los rasgos de un Berlín desaparecido. Todavía se ven estucos y elementos de la época Jugendstil (modernismo) en el edificio. Hay pocos hoteles con tanto encanto en la capital. El Reidenz está muy bien situado, justo al lado de Ku'damm, con sus cafés y sus restaurantes.

HOTEL ASTRID

Bleibtreu Strasse 20, 10623
Charlottenburg
+ 49 (30) 881 59 59
www.hotel-astrid.de
individual 59-69 € • doble 79-99 €
triple 99-109 € • cuádruple 109-119 €
desayuno incl.
U1 Uhlandstrasse

Abierto en 1951, en la actualidad está clasificado como monumento histórico. Muy bien situado, a solo 20 m de Ku'damm, tiene la ventaja de poder acoger hasta cinco personas por un precio interesante. Las habitaciones son típicamente berlinesas, con parqué en el suelo y estucos en el techo. Las traseras dan a un patio con jardín. Algunas incluso tienen balcón.

HOTEL-PENSION SAVOY

Meinekestrasse 4, 10719
Charlottenburg
+49 (30) 88 47 16 10
www.hotel-pension-savoy.de
individual a partir de 79 €
doble a partir de 109 €
desayuno incl.
U1 Uhlandstrasse o Kurfürstendamm

La entrada Jugendstil es magnífica. El ambiente del Berlín de antes de la guerra está garantizado en ese hotel-pensión muy bien llevado. El magnífico ascensor original lleva a la recepción. Todas las habitaciones, con una cuidada decoración, aunque de otro tiempo, están equipadas con teléfono, wifi, etc. Muy bien situado, al lado de Ku'damm y a cuatro pasos del Zoologischer Garten.

HOTEL ZOO

Kurfürstendamm 25, 10719
Charlottenburg
+49 (30) 884 37 0
www.hotelzoo.de
individual 89-255 € • doble 99-280 €
desayuno incl.
U1 Uhlandstrasse o Kurfürstendamm

Situado en Ku'damm, el gran bulevar del oeste de la ciudad, este hotel está en un edificio típico de la década de 1920, con techos que pueden llegar a los 3,8 m de altura. A comienzos del 2011 se emprendió una renovación del hotel.

PROPELLER ISLAND CITY LODGE

Albrecht-Achilles Strasse 58, 10709
Charlottenburg
reservas +49 (30) 891 90 16 (8.00-12.00)
información +49 (30) 163 256 59 09 (12.00-20.00)
www.propeller-island.mobi
habitación 79-115 €
desayuno 7 €
U7 Adenauer Platz

Situado en un edificio de viviendas, (la recepción está en el 1er piso), este hotel de 30 habitaciones está hecho para quienes buscan un lugar no convencional. Cada habitación ha sido diseñada por un artista y algunas son descaradamente surrealistas. Para pasar una noche fuera de lo habitual. Único inconveniente: el hotel está algo lejos del centro, pero el metro está a 10 min a pie.

AXEL HOTEL

MUY CHIC

Lietzenburger Strasse 13/15, 10789
Schöneberg
+49 (30) 2100 28 93
www.axelhotels.com/berlin
individual y doble a partir de 89 €
desayuno 13,50 €
U1, U2, U3 Wittenbergplatz

El Axel Hotel abrió su tercer establecimiento gay *hetero-friendly* en el barrio de Schönberg, después del de Barcelona y el de Buenos Aires. Muy chic e instalado en un edificio nuevo, cuenta con un restaurante, dos bares, uno de ellos al aire libre, y un centro de bienestar (masajes, sala de *fitness*). Muy bien situado y fácilmente accesible en transporte público.

ARCO HOTEL

Geisbergstrasse 30, 10777
Schöneberg
+49 (30) 23 51 48 0
www.arco-hotel.de
individual 50-102 €
doble 70- 117 €
desayuno incl.
U4 Viktoria-Luise-Platz

El hotel, cuya propietaria es del sur de Francia, está situado en un lugar muy tranquilo a cuatro pasos de la plaza Viktoria-Luise y del metro. En 10 minutos se llega a la plaza Wittenberg y sus grandes almacenes. Al sur, el barrio gay de Motzstrasse y los cafés de los alrededores de la plaza Nollendorf están a 5 minutos. Las habitaciones están muy bien equipadas. Posibilidad de alquilar bicicletas.

LINDEMANN'S

Potsdamer Strasse 171-173, 10783
Schöneberg
+49 (30) 526 85 40
www.lindemanns-hotel.de
individual a partir de 49 €
doble a partir de 64 €
desayuno 12,50 €
U7 Kleistpark o U2 Bülowstraße

Un hotel muy bonito y con una excelente relación calidad-precio. El ambiente es de diseño y las habitaciones espaciosas (20-25 m²) y luminosas. El Lindemann's no está muy céntrico, pero hay una parada de autobús frente al hotel y este lleva al centro en 10 minutos. La línea de metro U2 está a 400 m. Mejor coger las habitaciones sobre el patio, más tranquilas.

Hasta 15% de descuento si se reserva por internet.

HOTEL SAROTTI-HÖFE

Mehringdamm 57, 10961
Kreuzberg
+49 (30) 60 03 16 80
www.hotel-sarottihoefe.de
individual 69-139 €
doble 109-255 €
desayuno 10 €
U6, U7 Mehringdamm
o U7 Gneisenaustrasse

Se duerme en una antigua fábrica de chocolate totalmente restaurada. Las habitaciones conservan el encanto de lo antiguo (piedra vista, ventanas altas) que se alía con toques de modernidad. Para encontrar la recepción del Sarotti, hay que entrar en el café, que suele estar abarrotado, y pedir las llaves en el pequeño mostrador a la derecha. Situado cerca del animado barrio de Bergmannstrasse, el lugar no es por ello menos tranquilo y relajante.

→ ***Se puede conseguir un 10% de descuento si se reserva por internet.***

HOTEL JOHANN

Johanniterstrasse 8, 10961
Kreuzberg
+49 (30) 225 07 40
www.hotel-johann-berlin.de
individual 72-90 €
doble 95-105 €
desayuno incl.
U1, U6 Hallesches Tor

¡El lugar es de una tranquilidad...! Y, sin embargo, está en el centro de Berlín. Situado cerca del canal, el Hotel Johann está hecho para los aficionados a caminar y a los grandes espacios verdes. El ambiente es casi provinciano, con un trato muy cordial. Las habitaciones son modernas, en un estilo depurado, casi minimalista. Hay que andar un poco para llegar al metro (800 m), pero el hotel alquila bicicletas.

DIE FABRIK

MUY CHEAP

Schlesische Strasse 18, 10997
Kreuzberg
+49 (30) 611 71 16 ou +49 (30) 617 51 04
www.diefabrik.com
dormitorio (7-8 camas) 18 €/pers.
individual 38 € • doble sin/con baño a partir de 58/72 €
triple 78 €
desayuno 4-8,50 €
U1 Schlesisches Tor

Un hotel a medida para los amantes del barrio alternativo de Kreuzberg. Con su acogedor café en la entrada y su gran vestíbulo de recepción, el Fabrik resume por sí solo la filosofía antitendencia de Kreuzberg: ni TV, ni internet, nada de minibar, y duchas y WC comunes en cada piso. No obstante, uno se siente muy bien en este hotel recomendado por todas las guías alemanas. El trato es cordial y el ambiente, campechano y familiar. El Fabrik, instalado en antiguos talleres de ladrillo restaurados en 1995, está situado en una calle que se está poniendo de moda.

OSTEL

MUY CHEAP

Wriezener Karree 5, 10243
Friedrichshain
+49 (30) 25 76 86 60
www.ostel.eu
individual/doble a partir de 33/54 €
(+7 € con baño)
apartamento 6 pers. (80 m^2) a partir de 120 € (+25 € por limpieza al final de la estancia)
desayuno a partir de 6,50 €
Ⓢ-Bahn Ostbahnhof

Este hotel, autoproclamado "DDR Design Hotel", ha sido concebido para los nostálgicos de la RDA. El edificio es de la época comunista, los muebles, los papeles pintados y los teléfonos, también. El retrato del último dictador de Alemania del Este, Erich Honecker está colgado en recepción. No hay que esperar grandes lujos. Los baños son comunitarios. Algunas habitaciones tienen, no obstante, una ducha. El barrio ha conservado la atmósfera del antiguo Berlín Este.

EAST-SIDE-CITY

Mühlenstrasse 6, 10243
Friedrichshain
+49 (30) 29 38 33
www.eastsidehotel.de
individual a partir de 59 €
doble a partir de 79 €
desayuno incl.
Ⓤ1 o Ⓢ-Bahn Warschauer Strasse
tranvía M10

Las habitaciones de este hotel de ambiente familiar dan a un bulevar con mucho tráfico, pero la vista sobre el Spree y los restos del Muro (East Side Gallery; véase p. 172) es impresionante. El edificio, el único superviviente a las demoliciones, parece aislado en este antiguo barrio fronterizo entre Kreuzberg y Friedrichshain. En el interior todo ha sido renovado. Se halla a cuatro pasos del metro Ⓤ1 y del Ⓢ-Bahn, que cruzan el oeste de la ciudad, y del tranvía M10, que recorre el este.

→ ***Las habitaciones traseras dan al patio de los servicios de vialidad (paso de camiones).***

JUNCKER'S HOTEL

Grünberger Strasse 21, 10243
Friedrichshain
+49 (30) 293 35 50
www.junckers-hotel.de
individual 49-66 €
doble 73-125 €
desayuno 8 €
Ⓤ5 Frankfurter Tor • tranvía M10

Este hotel está hecho para quienes busquen un ambiente familiar en un barrio animado. Uno en seguida se siente como en casa. El Junker's está muy bien situado, al lado de la línea de tranvía M10 y a cuatro pasos del metro Ⓤ5. Las habitaciones están cuidadas y el trato es muy agradable.

APARTAMENTOS

GUESTROOMBERLIN

Christburger Strasse 6, 10405
Prenzlauer Berg
+49 (30) 440 557 84
www.guest-room-berlin.de
apartamentos y estudios 1 pers. 47-55 €, 2 pers. 64-70 €, 3 pers. a partir de 80 €, 4 pers. a partir de 90 €, no hay servicio de desayuno
tranvía M10, M2, M4

Situado en el barrio de moda de Prenzlauer Berg, el lugar no deja por ello de ser tranquilo. Los estudios, modernos y bien equipados, dan al patio de un edificio habitado por berlineses. El ambiente es, pues, muy auténtico. Justo en la entrada se encuentra una buena coctelería, el Fluido (véase p. 59).

SCHOENHOUSE APARTMENTS

MUY CHEAP

Schönhauser Allee 185, 10119
Prenzlauer Berg
+49 (30) 4737397-0
www.schoenhouse.de
apartamento 2 pers. a partir de 75 €
apartamento 4 pers. a partir de 85 €
desayuno 4 €
U2 Senefelderplatz

Los apartamentos del Schoenhouse son una excelente alternativa en este animado barrio. De una capacidad de 2 a 6 personas, están decorados en un estilo moderno y sencillo. El Schoenhouse está a unos minutos de Hackesche Höfe, Kollwitzplatz y Alexanderplatz. Hay decenas de cafés y de restaurantes en los alrededores, así como un supermercado prácticamente enfrente. Reserva fácil por internet (web en español).

GÄSTEHAUS AM RADIALSYSTEM V

Holzmarktstrasse 33, 10243
Friedrichshain
+49 (30) 288 788 529
www.radialsystem.de/rebrush/rs-service-gaestehaus.php#Gästehaus
apartamento 4 pers. 110 €/noche (+50 € por limpieza al final de la estancia, excepto si esta supera las 3 noches).
descuento en caso de semana supl. (95 €/noche)
S-Bahn Ostbahnhof

Una referencia muy a la última, pero también muy confidencial. El Radialsystem V (véase p. 192), uno de los lugares de cultura más creativos de Berlín, instalado en una antigua estación de bombeo, ofrece unos cuantos apartamentos a orillas del Spree. El lugar resulta insólito: en el centro de Berlín, en un pequeño edificio de ladrillo, da la sensación de estar fuera de la ciudad. No es extraño: se está en la antigua frontera. De noche, el barrio se llena de gente atraída por los locales nocturnos más de moda, como el famoso club *techno* Berghain. Los apartamentos (4 pers.) tienen dos habitaciones dobles, una individual, dos baños, una cocina y un salón.

PENSIONES

CITY GUESTHOUSE

Gleimstrasse 24, 10437
Prenzlauer Berg
+49 (30) 448 07 92 (8h-11h et 16h-22h)
www.pension-guesthouse-berlin.de
individual 42-49 € • doble 72-78 €
apart. 2 habitaciones 28-56 €/pers.
apart. 3 habitaciones 22-33 €/pers.
desayuno 5,50 €
U2 Schönhauser Allee

Muy bien situada en Prenzlauer Berg, esta pequeña pensión está también muy bien comunicada, con la línea U2, que cruza Berlín de este a oeste, a solo 200 m. La zona es muy auténtica y está llena de tiendas. Las habitaciones están equipadas con baño, TV, nevera e incluso cafetera. La pensión ofrece también apartamentos con cocina.

KASTANIENHOF

MUY CHEAP

Kastanienallee 65, 10119
Prenzlauer Berg
+49 (30) 44 30 50
www.kastanienhof.biz
individual 75-94 €
doble 87-140 €
desayuno 9 €
U8 Rosenthaler Platz • tranvía M1

Situado al comienzo del “paseo del *casting*” (véase p. 46), el Kastanienhof goza, antes que nada, de una buena situación. No puede ser mejor en el barrio. Las habitaciones están bien arregladas y adaptadas a las familias. Hay que pensar en el tranvía si se es sensible al ruido, para tomar una habitación en el patio.

No hay recepción por la noche.

PENSION KREUZBERG

Grossbeerenstrasse 64, 10963/**Kreuzberg**
+49 (30) 251 13 62
www.pension-kreuzberg.de
individual 60 € • doble 72 € • habitación 3-4 pers. 28 €/pers. • desayuno incl.
U6, U7 Mehringdamm
o U7 Gneisenaustrasse

Instalada en un antiguo edificio de la época Gründerzeit, esta pensión ofrece un ambiente familiar. Los volúmenes de las habitaciones, con sus altos techos, recuerdan el Berlín de antes de la guerra. El trato es agradable. Todas tienen baño, pero no TV. En cambio, la pensión dispone del wifi.

PENSION PETERS

Kantstrasse 146, 10623
Charlottenburg
+49 (30) 31 22 278
www.pension-peters-berlin.de
individual 58 € • doble 79 €
desayuno incl.
S-Bahn Savignyplatz

Esta pensión familiar cuenta con 34 habitaciones cuidadosamente decoradas en un edificio antiguo. El servicio y el trato son muy cordiales. Se puede preguntar sobre la ciudad y pedir consejos sobre los desplazamientos; contestan de buena gana. No se puede encontrar mejor situación, justo al lado de Savignyplatz.

PENSION FUNK

Fasanenstrasse 69, 10719
Charlottenburg
+49 (30) 8827193
www.hotel-pensionfunk.de
individual con baño 52-95 €
doble con baño 82-129 €
desayuno incl.
Ⓤ1 Uhlandstrasse

¡Que nadie se equivoque con el nombre! En esta pensión uno se encuentra con el ambiente del Berlín de la década de 1920 con sus ventanas Jugendstil (modernistas) y sus muebles antiguos. Decoración cuidada, muy clásica (tapetes bordados, alfombras, sofás con tapicería de flores...). Muy bien situada, a cuatro pasos de Ku'Damm, esta pensión es una buena alternativa a los hoteles del barrio, que suelen ser muy caros.

→ ***Precio muy interesante para las habitaciones con baño comunitario.***

• • ALBERGUES JUVENILES • •

PFEFFERBETT

Christinenstrasse 18-19, 10119
Prenzlauer Berg
+49 (30) 939 35 85-18
www.pfefferbett.de
dormitorio a partir de 10 €
individual o doble a partir de 32 €
apartamento 2 pers. a partir de 65/70 € según tamaño, apartamento 4 pers. a partir de 79/120 € (2 noches mínimo + 30-40 € por limpieza al final de la estancia)
desayuno 4 € (bufé libre)
Ⓤ2 Senefelderplatz

MUY CHEAP

Un nuevo establecimiento híbrido muy adaptado a los nuevos tiempos. Situado en la antigua fábrica de cerveza Pfefferberg (¡magnífica!), en el corazón del Berlín más a la última de Prenzlauer Berg, EL Pfefferbett es al tiempo un albergue juvenil y un hotel. Las habitaciones, renovadas con acierto, son modernas y están muy bien equipadas. Ofrece además apartamentos modernos y funcionales (algunos con balcón) para 2 a 4 personas, a 5 minutos a pie del hotel (Choriner Strasse 37).

→ ***Descuentos muy interesantes en invierno.***

HOTEL TRANSIT

Hagelberger Strasse 53-54, 10965
Kreuzberg
+49 (0)30 789 04 70
www.hotel-transit.de
dormitorio 21 €
individual 62 €
doble 72 €
desayuno incl.
Ⓤ6, Ⓤ7 Mehringdamm
o Ⓤ7 Gneisenaustrasse

Ambiente distendido, sala de TV comunitaria, lavandería... un establecimiento típico con patio trasero de Kreuzberg. Hay que tomar un ascensor para llegar a la recepción. Las habitaciones y los dormitorios (no hay literas) son modernos y funcionales, todos con baño. Desde que el albergue fue restaurado y que los precios subieron, hay menos mochileros. El Transit está situado muy cerca del barrio *bobo* de Bergmannstrasse. Ambiente muy simpático.